时尚拉丁塑身操

Charming Latin Aerobics for Body Slimming

刘荃莉 编著

成都时代出版社

与“拉丁”激情邂逅

Meet with Latin Aerobics

当浪漫、狂野的拉丁舞
与动感活力的有氧操激情邂逅,
碰撞而出的是最炽热耀眼的火焰,
这就是一种超越空间、需要意会的时尚——
有氧拉丁操,
成为了一种热情奔放、
自由随性的健身塑形新概念。

拉丁舞是什么?它是热带的阳光、火辣的激情、感性的气息……

拉丁舞最早起源于非洲,与欧洲南部的舞蹈音乐结合,并由拉丁语系的移民带入南美洲(又称拉丁美洲),与当地的土风舞相互影响融合,逐渐形成了今天世界广为流传的恰恰、伦巴、牛仔、桑巴、斗牛等新的舞种。它是以运动肩部、腹部、腰部、臀部为主的一种舞蹈艺术,能够完美地展现出人体优美的曲线、丰富的情感以及浪漫的情调。

拉丁健身操,便是这种火热动感的拉丁舞与极富活力的现代有氧健身操相结合的产物。它在动作细节上不苛求专业舞者那样的精准,更强调合理的热量消耗,注重身体各部位均衡的运动量和对髋、腰、胸、肩部关节的训练。所以,拉丁操在具备了欣赏价值以外,还具有瘦身减脂和美化身体线条的运动功效,可以让您同时领略拉丁的魔力与运动的乐趣,体验将身体“舞”动起来的绝妙感觉和神奇的健美效果。

激情四射的音乐响起来了,请跟随这浪漫而奔放的节奏,唤醒你体内潜藏的热情,与我们一起“拉丁”吧!让生命永远带着青春的乐章美丽绽放!

Contents 目录

PART 1

PART 1 >

拉丁舞，魅力CHARMING 活力 Latin Aerobics 塑身操 FOR BODY SLIMMING

当时尚界复古风越演越烈之时，
它也已经悄悄刮到健身操圈内。
夜空中一闪而逝的流星，
划破心里的平静，宛如神的指示，
让我们沿着绚丽的痕迹，寻找从天而降的女神。

没有一类健身如她一般，吸纳舞蹈与有氧为一体，
有氧拉丁幻化出一片新的天空，
在这里你不仅能看到轻盈婉约的飞扬裙裾，
更能看到拉丁热辣灼人的曼妙身姿。
她正以一种时尚的姿态来关注人们的健康，
不再是一项单纯的运动，
更是一种时尚化的生活方式，
受到越来越多时尚人群的追捧；
不再仅局限于锻炼的目的，
更延伸到了
健美塑形、
放松身心、
提升气质、
娱乐休闲等各个层面。

Latin

Aerobics = Latin Dance
+ Aerobics
+ Body Slimming

Ⅰ. 拉丁操=拉丁舞+有氧操+塑身纤体

把拉丁舞引入健身房以后，拉丁舞便成了“拉丁有氧操”，也就是将拉丁和有氧操进行嫁接，使之成为符合科学强度标准的有氧运动。

Latin Aerobics
拉丁有氧塑身操

拉丁健身操是结合了拉丁舞的动作、步伐与有氧健身操的动作，再添加一些手臂的动作组合而成的。拉丁健身操采用了拉丁舞狂热的音乐，使健身者在激情的拉丁音乐中，展示自己美好的身段，并使健身者在疯狂的运动中，减去腰腿部多余的脂肪。拉丁健身操每一段的运动量都很大，可以让腰部两侧和大腿内侧得到充分锻炼，使人的体形更加优美。

拉丁舞里表达情感、性感的东西较多，过

于热情奔放；而拉丁有氧操则吸取了拉丁的奔放和健康，去掉了繁复和夸张，再加上有氧操的元素，让大家有似曾相识的感觉，便于接受学习。健身本来是件比较枯燥的事情，但拉丁有氧操可以增加健身的趣味性，尤其是拉丁有氧操的音乐和动作发出来的热力，对于都市人释放压力、放松自己特别有好处。

拉丁有氧操自由随意，热情奔放，节奏明显，非常适合年轻人和中年人。与HIP-HOP不同，它侧重在腰和髋部，对热情的张扬和对节奏的感应是其他舞蹈和健身操所不能相比的，它能令人舒展，在锻炼之外可以自我享受。更值得一提的是，由于拉丁动作强调髋部的摆动，因此对腰部有特殊的效果。

拉丁健身操虽然来源于国标中的拉丁舞，但它不强调基本步伐，而是健身操的一种，强调的是能量消耗，令人获得精神上和身体上的舒展。拉丁健身操要求动作多变且要合拍，难度上高于一般操类的健身运动，初学者难以迅速掌握，需要有一定的耐心和毅力。

不要担心开始时找不到感觉，只要开开心心地去跳；也不要求动作百分之百地准确，但要求情绪百分之百地投入，越能放得开，就越能淋漓尽致地把拉丁的感觉发挥出来，大胆再大胆些就对了。这样，拉丁的感觉便像一层窗户纸，一捅即破了。

Latin Aerobics, the Passport to Health and Beauty
有氧拉丁操，健康美丽通行证

用时尚的方式关注健康

随着现代社会的发展、生活节奏的加快和工作压力的增大，人们对自身健康的关注程度越来越高。作为一种有氧运动，拉丁健身操有它极强的健身功效。

●健康身体的良药

心血管方面 跳拉丁可令心跳由每分钟80次升到120次，有时甚至更多。它的功效等同于任何体力训练或有氧运动，可以增强心脏的强度和耐力。

关节 据医学报导，避免早期关节炎与治疗关节不适的最好方法是适度地使用关节。跳拉丁可使全身各关节如锁、肩、肘、髋、膝、踝等都得到有效的锻炼。

脊椎 常跳拉丁，弯曲的脊椎可以归正，椎间盘突出可以得到预防和治疗。

呼吸系统 很多研究资料显示，激烈的拉丁舞可使心肺强壮并增加摄氧量，快速地增加心律然后又降低，强壮的心肺可以更有效地预防心血管类疾病。

●自我魅力的提升

自尊 跳拉丁使别人对你刮目相看，使自己对自己有更深一层自我价值的发现。

自信 许多人都曾有过因羞涩而怯场的经历，而“因为不够自信而怯场”已经被美国人列为十大恐惧症之一！通过跳拉丁能够逐步克服胆怯、恐惧，培养自信、自强，以坚定的信心和毅力去对付无数的考验与挑战。

轻松的社交 轻松的社交是个人四大需求之一。跳舞使你更善于处理人际关系，提高为人处事、公关社交的能力。

尽享拉丁塑身魔法

肥胖不仅让你失去了窈窕的曲线美，更重要的是会引起多种的疾病，极大地危害我们的身体健康。因此，减肥和控制体重一直以来都是人们非常关注的话题。

脂肪的减少可以通过两个方面来实现：

一是控制脂肪的摄入。这并不是指节食，而是科学、合理的饮食。

二是加大体内脂肪的消耗。要想加快体内脂肪的消耗，就必须依靠有氧运动充分地利用氧气来燃烧我们体内的脂肪，也只有有氧运动才能有效地减去体内多余的脂肪。

有氧操是有氧运动的一种，一堂有氧操课一般是45～60分钟，运动强度始终保持在中等强度，因此它除了具有锻炼身体、增进健康、增强体质的作用外，对减脂和改善体形体态也有着特殊的效果。相比其他的有氧运动如快走、慢跑、骑自行车、游泳等等，它更加生动活泼、不枯燥、不乏味，还能提高身体的协调能力，增强韵律感。在动感十足的音乐伴奏下，跳着各种各样、风格各异的有氧健身操，在不知不觉中脂肪就和你说“再见”了。

拉丁操的动作和舞步，能够充分运用到全身的肌肉群，尤其是腰、臀、腿等下半身肌肉适当的律动，可消减脂肪、健美肌肉，从内到外保持你的形态美。

●臂部脂肪

女性手臂脂肪较多，除了储存能量外，还有保护上臂内面和后面的浅神经和动脉的作用。拉丁中许多俏皮而利落的手臂动作，强调与腿部、脚部的配合，坚持下来，手臂的脂肪也就会在激扬、动感的音乐中随之消融。

●腰臀部脂肪

腰部脂肪堆积区与臀部脂肪相融合，适当的腰部脂肪群使臀部看起来高过腰部。拉丁操中的扭胯与摆髋动作，对腰部减脂与臀形的塑造相当有效，能够帮助女性形成梦寐以求的细腰翘臀的性感身材。每天只需花20分钟，坚持练一段时间，你会发现腰肢变纤细了，腹部更平坦了，身材更加健美！

●脐周脂肪

脐周脂肪也是女性特有的脂肪堆积区之一，消瘦的女性此区也会脂肪堆积，扭摆的动作能美丽你的脐腹部。

●大腿脂肪

拉丁操还能让你的腿形越来越完美。看看那些拉丁美女的修长美腿，你就知道“怕腿会变粗”的担心是完全多余了！因为那些激烈、变换的脚腿动作足可让恼人的赘肉无可乘之机。

雕塑身形，展现美、好、挺

有的人瘦却不见得好看，为什么呢？最大的原因就是出在体型不正，或是体型不均匀，所以就算身上没有赘肉，体态看起来依然不协调。

何谓美、好、挺的体型？一般来说从身体侧面来看，身体成一直线，颈椎没有后倾或前凸，脊椎没有驼背，骨盆没有后倾，腿骨没有后倾或前凸，便是所谓美、好、挺体型。更简单地说就是，自然站立时，身体侧面成一直线，看起来自然呈现抬头挺胸、收腹夹臀的状态。

驼背、颈椎前冲，看起来不仅姿态不美，脊椎也容易受到压迫。

骨盆前倾，容易有腰酸的现象。

高低肩，脊椎也会跟着歪斜。

如何将自己的体型调整到美、好、挺比例或是接近美、好、挺比例呢？最简单的方法就

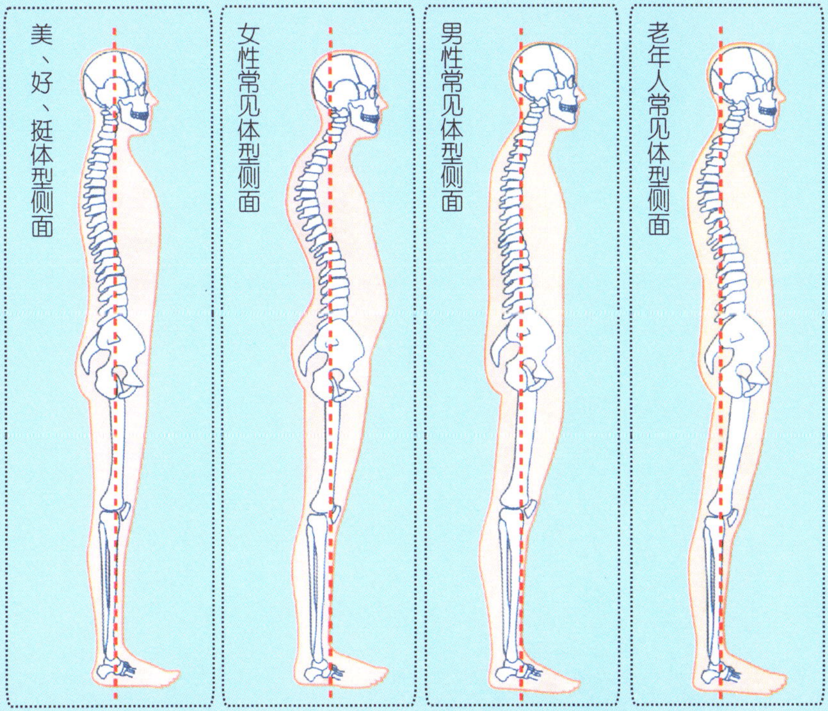

美、好、挺的姿势是身体自然站立时，侧面成一直线，看起来自然呈现抬头挺胸、收腹夹臀的状态。

是利用运动来塑身。拉丁有氧操可以帮助矫正体型，让身体看起来“又美又好又挺”。

拉丁有氧操的每一个动作都要求身体各部位协调配合完成，通过完成许多的动作达到形体训练的效果。比如一个简单的踢腿动作，它要求做到上身向上挺直，主力腿向下蹬直，要踢的那条腿迅速向上踢起，手臂保持身体平衡，否则这个动作就不好看，也失去了锻炼的效果。这就要协调身体各部位来完成。身体协调运动其实就是骨骼肌对身体各部位的协调控制的过程，掌握这一控制能力，对于改善我们的形体尤其是身体形态的塑造尤为重要。

Tips

拉丁元素渗透了时尚界

如果说拉丁美人令全世界惊艳，而“优雅”的拉丁元素，更是渗透了时尚界。“优雅”一词原本就是来自于拉丁文Eigere，意思是“美的挑选”。法国时尚界泰斗Dariaux说：“优雅是一种和谐，它不同于美丽——美丽是上天的恩赐，而优雅是艺术的产物。”拉丁血统的模特，在世界模特界称霸一方；世界各大品牌的服装、饰品、香水，都或多或少融入了拉丁的优雅元素……

Appreciate the Characteristic of Latin Aerobics
领略拉丁有氧特色

热情奔放

拉丁健身操是拉丁舞和有氧操的有机结合，它将拉丁舞中一些颇具特点且有益健康的舞蹈动作吸收过来，同时与流行的有氧运动结合起来。与以往的健身操相比，拉丁健身操最大的特点是在运动中洋溢着拉丁舞蹈特有的欢快与激情。在音乐的伴奏下，这种热情奔放、自由随意的健身方式就成了一种享受。在热烈奔放的拉丁音乐中感受南美风情，同时在健身操中增加舞蹈元素，在锻炼之外更可自我享受。拉丁健身操要求百分之百的情绪投入，越是淋漓尽致地把拉丁感觉发挥出来，就越能放开，无所顾忌，在音乐中释放身体。

强调腰部和髋部的运动

由于拉丁健身操动作强调髋部的摆动，因此对于腰部的锻炼有特殊的效果。拉丁健身操的锻炼侧重点在于腰和髋部，同时也使大腿内侧得到充分的锻炼。拉丁健身操和国标拉丁舞不同，后者是体育舞蹈，对基本步伐的要求很高，而前者强调的是能量消耗，对动作的细节要求不高，只要能跟上节奏就好，注重的是运动量的大小和对髋、腰、胸、肩部等关节的活动。拉丁健身操尤其适合腰围、臀围过大的练习者。

趣味性、观赏性强

拉丁健身操是在有氧操里加进舞蹈的动作，体会桑巴、恰恰、伦巴、曼波等各种拉丁舞的趣味性，但它又没有拉丁舞的复杂规则，可以尽情释放自己的身体！因此，拉丁健身操与普通的有氧操相比，趣味性、观赏性更强。拉丁健身操能在音乐中释放情绪，缓解压力，是一种产生快乐、不易疲倦的健身操。

Latin Aerobics, The Favorite Choice

II. 备受宠爱的有氧健身操

Latin Aerobics
有氧健身操

有氧健身操是一种将俱乐部标准健身操和现代流行热舞相结合的崭新理念的有氧健身运动，即在音乐的伴奏下，能够锻炼全身的健身运动。

英文“Aerobics”意为“有氧”或“有氧参与”。其实，有氧运动除了主要由氧气参与供能外，还要求全身主要肌群参与，运动需持续较长时间(一般大于12分钟)，并且是有韵律

Tips

拉丁舞的艺术风格

拉丁舞的艺术风格很难表述，舞者的身体律动、音乐的强烈节拍以及一切表现形式都那样狂放不羁，与中国舞蹈的柔美与雅致全然迥异，但这并不影响你去欣赏和接受。至少，在扑朔迷离的灯光映照下，在欢快热烈的音乐节奏中，忘情的舞蹈就会让你情不自禁地跟着扭动起身体。

的运动。有氧运动能锻炼心肺，使心血管系统能更有效、快速地把氧传输到身体的每一部位。通过经常的有氧运动锻炼，人的心脏会更健康、发达，每搏输出量就更大些，身体每部分供氧就不需要很多的脉搏数。

网络改变了人们的生活方式，也带来了新的健康隐患。一些从事IT业或在办公室经常面对电脑的工作者，很容易患上不同程度的肩背肌肉酸痛等症状，如果不及时采取措施，很容易引起病变。因此，跳有氧健身操，是这一类人不错的选择。

进行有氧操的练习，首先是对心肺功能的锻炼效果非常好，减脂减肥的效果也很理想。同时，它也是一项充满“美”的运动项目，避免了像跑步、骑自行车等其他有氧运动项目的枯燥，使运动的过程充满了乐趣。有氧操有别于其他有氧运动的最大特点就是动作优美、变化多样，可以在相当放松的情态下愉快地燃烧脂肪，对身体协调性的锻炼有很好的效果。

Characteristic of Sport
有氧健身操运动的特点

●有氧健身操运动锻炼者一般每周参加3次左右的锻炼，每次锻炼要求保持在12分钟以上，并且是连续不断的健身操运动。锻炼者心率保持在自己最大心率的60%～85%左右。

●有氧健身操是有氧运动的一种，它强度适中、活动时间长，能有效控制体重、有效提高练习者的身体素质。

●有氧健身操运动对场地和气候要求不高，一年四季都能进行。

●有氧健身操对人体的心肺功能、耐力水平都有很大的促进作用，对提高人的身体和精神健康有明显的功效。

●有氧健身操适合不同年龄、性别的人参加。

●目前，有氧健身操锻炼有许多不同类型的项目选择。

Enchanting
Latin Aerobics
III. 媚影拉丁，舞影霓裳

拉丁舞（Latin），起源于拉丁美洲，具有热情奔放、浪漫的风格特点；舞蹈动作豪放粗犷，速度多变，手势和脚步变换丰富；充满激情，音乐节奏鲜明强烈。包括桑巴、恰恰、伦巴、斗牛、牛仔五个舞种。

各舞种通过对胯部及身体摆动不同的技术要求，完成各种舞步，表现各种风格。舞姿妩媚潇洒、婀娜多姿，风格生动活泼、热情奔放，曲调缠绵浪漫、活泼热烈，节奏感强。

Amorous Feelings of Latin Dance
舞动多种拉丁风情

伦巴：爱情之舞

英文Rumba的音译，拉丁舞中的经典，享有“拉丁舞之灵魂”的美誉。

伦巴舞起源于古巴。四五百年前，非洲黑人被白种人送至美洲沦为奴隶。非洲黑人远离家园，在古巴受到压迫，生活困苦，加之思乡情切，因而产生出哀伤的民歌。慢慢的，这种悲伤的曲调受当地气候的影响，演变成慵懒的音乐风。非洲人随着这种音乐起舞，借以抒发心中郁闷的情绪，而形成伦巴舞。再加上拉丁美洲特有的打击乐器，使得伦巴舞曲更富有罗曼蒂克的气氛。

伦巴是一种典型的强节奏舞蹈，4/4拍，速度每分钟27小节左右。由于古巴人习惯头顶东西行走，并以胯步向两侧扭动来调节步伐，保持身体平衡，因此，伦巴的舞步就秉承了这一特点。它以原始的舞蹈风格，融进现代的情调，动作舒展，缠绵妩媚，舞姿抒情，浪漫优美。配上缠绵委婉的音乐，使舞蹈充满浪漫情调，是表现爱情的舞蹈。

恰恰：活力之舞

英文ChaChaCha，是拉丁舞中最流行的舞蹈，与伦巴一起被称为姊妹舞。

起源于中美洲的墨西哥、古巴等地，是从一种名叫曼波舞（Mambo）的舞蹈发展而来的，因南美的土人将曼波的音乐演奏得更快，并加进打击乐而使之成为今日的恰恰。音乐为4/4拍，速度每分钟31小节左右。

恰恰是模仿企鹅行走姿态创编的舞蹈，借以表达青年男女之间追逐嬉戏的情景。舞步花俏可爱、步频较快，具有诙谐风趣的风格，舞步和手臂动作配合紧凑，主要给人一种明朗轻快的感受，能够激发人们全身的活力。

在动作编排上恰恰一反男子领舞的习惯，男女动作不求统一整齐，且多半是男子随后。由于名称动听，节奏欢快易记，邦伐斯鼓和沙球的“咚咚沙沙”声与动作相吻合，又有诙谐、花俏的风格，所以备受欢迎。

桑巴：狂欢之舞

英文Samba的音译，源于巴西，是巴西一年一度的狂欢节跳的舞蹈。

传统桑巴可分为农村桑巴和城市桑巴两种。它是非洲人和南美人的综合产物，最早用吉他演奏，节拍较缓慢，带有小夜曲式的情调，兼富热情活泼的气氛。现代欧美所流行的桑巴，于1920年左右形成于巴西的里约热内卢。

舞曲欢快热烈，节奏为2/4拍或4/4拍，每分钟52～54小节。舞蹈者随着音乐节奏一重一轻地自然屈膝弹动，运用下腹部的前后摇摆带动上身的摆动，并沿着舞程线绕场行进。

桑巴舞是拉丁舞中最热烈、最具有特性节奏的舞蹈。它的风格特点是流动性大，动作粗犷，动律感强，步法摇拽紧凑，热烈奔放，富有强烈的感染力。为了将桑巴舞的特点表现出来，舞者必须欢快、激昂地表演。

斗牛：英雄之舞

西班牙文Paso Doble，意思是“两步”，是一种两步舞。

斗牛舞起源于西班牙，是由斗牛士在斗牛时的基本动作发展而来。在斗牛舞中，男士象征斗牛士，女士则扮演斗牛士用以激怒公牛的红色斗篷或牛，视情况而定。在所有拉丁舞中，

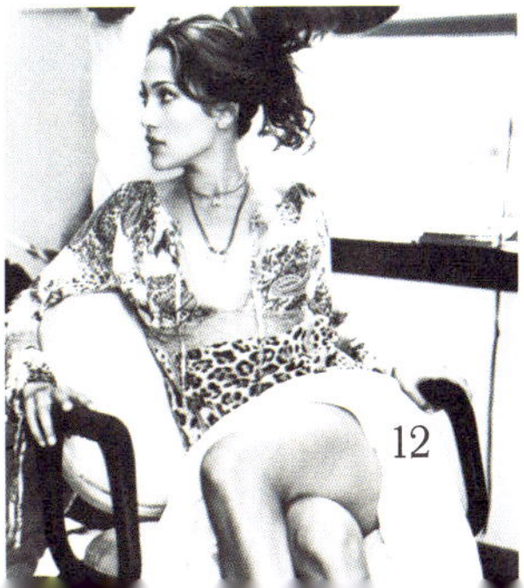

男伴在斗牛舞中的角色比其他任何舞都重要。

音乐为旋律高昂雄壮、鲜明有力的西班牙进行曲，舞蹈风格阳刚味十足。节奏为2/4拍，每分钟60～62小节。舞姿挺拔，无胯部动作及过分膝盖屈伸，用踝关节和脚掌平踏地面完成舞步。动静鲜明，力度感强，发力迅速，收步敏捷顿挫。女士有相当大的跳跃、旋转动作，男女动作都相当舒展、激烈，和音乐配合非常一致。

由于男女舞伴在舞蹈中扮演的角色不同，男伴表现出气宇轩昂、刚动威猛的英雄气概，女伴则英姿飒爽，舞步柔美多变。斗牛舞音乐雄壮，舞态豪放，步伐强悍振奋，风格相当迷人。

牛仔：欢乐之舞

英文Jive，美国西部牛仔跳的一种带有踢踏动作的舞蹈，是一种纵情娱乐的舞蹈，舞者仿佛在召唤“来吧，来吧，一起来欢乐”。

起源于美国，是由一种叫“吉特巴”的舞蹈发展而来，但牛仔舞剔除了吉特巴中所有的难度动作，增加了一些技巧。波普、摇滚、美国摇摆舞都对牛仔舞有一定影响。其音乐节拍为4/4拍，速度每分钟43小节左右。

牛仔舞是一种节奏快、耗体力的舞。舞动起来，手脚的关节要放松，要自由地舞蹈，身体自然晃动，脚步轻松地踏着，且不断地与舞伴换位，转圈旋转。也正是因为它的音乐欢快、舞态风趣、步伐活泼轻盈的特点，得到了越来越多人的喜爱。

Feel the Fascination of Latin Dance
感受拉丁的炫舞飞扬

浪漫

从某种意义上来说，拉丁舞是男女两性的能量交流。如何用一种关系、一种生命、一种身体的方式很美地表达出来，是拉丁舞核心的东西。

激情

拉美的人说，在这一场舞蹈之后你会发现“地板上有一种被爱灼伤过的痕迹”。

感动

不管是含蓄的伦巴还是热情奔放、激情四射的恰恰、桑巴，它总能走进你心里面，通过你的眼睛看到别人的内心世界。它的音乐非常感人，给你提供非常大的张力，能触动到你心灵中最敏感的地带。

多元

拉丁舞蹈的概念实际上囊括了体育、时尚、舞蹈、戏剧、幽默等等，像精致美好的服装服饰也是拉丁舞蹈的一部分。

快乐

人最美丽的时候就是心情最快乐的时候，自己做自己愿意做的事情。当都市生活的高压令你感到精神疲惫的时候，不妨听听拉丁音乐，让自己身体随着节奏舞动起来，这样可能给你带来放松和欢愉。拉美人跳舞的时候不按什么具体的套路去走，一种感觉、一个细微的步调，就会觉得很满足，如果有阳光照耀那就更美了。

动人的音乐

拉丁的音乐是很煽情的音乐，伦巴音乐更是拉丁音乐中最美妙最感性的。听到它，你的身体就会情不自禁地动起来。

完美的体型

听着拉丁音乐，身体随着旋律而动，整个精神与肉体都沉醉在拉丁音乐营造的浪漫氛围中，你会觉得这是最好的运动，也可以给你带来最完美的体型。

Tips

拉丁特色动作开启体内性感密码

当你掌握了拉丁的步伐之后，记得让身体记住它的迷人动作。

1）摇摆自如小蛮腰

特色 曲线美的视觉焦点

技巧

a．要将身体重心向上移，才可使下半身灵活自在的动作。

b．练习时可以先由小动作、慢速度去感觉，勿求好心急。

c．切勿用错力量而使全身晃动，必须用正确的力道及角度。

2）电动马达翘翘臀

特色 勾勒性感，舞动全身的动能中心

技巧

a．腰部以上固定后，以臀部最翘之处带动，并非腰部使力。

b．左右或前后（点至点）摆动时，需注意瞬间出力，但记得要适时“刹车”，之后才换边重复。

c．若是8字形或360°（立体的）舞动时，则要注意动作的顺畅性，配合大腿、膝盖、脚跟、脚尖的整体协调性。

3）由手到脚的力量爆发

特色 展现从容而高贵、温柔而奢华的力量

技巧

a．指尖是指挥家的指挥棒，更是舞者的神奇魔杖。它增添了舞蹈的华丽感并完美诠释其中精神，借由手指轻触能轻易地触动他人心弦。

b．脚尖需在每个节拍中做一个完美的句点，展现出舞步的张力。

4）狂野甩头

特色 飞扬的头发狂想曲

技巧

a．以头顶为甩动的使力点。

b．配合节拍，重拍时甩出，“刹车”时停住。

c．勿做成像转头般的慢动作。

5）诱人的自我碰触

特色 自恋的致命吸引力

技巧

a．不要管旁人的眼光，鼓足勇气狠狠地在自我身躯的性感带以双手摸索。

b．常常练习即可习以为常。

c．最好将感情加入感觉去用心触摸身体。

Beauty

To Be a Slim Latin

IV. 做个拉丁美人，进修变身秘笈

拉丁能让你发掘自身魅力，学会展示自己的闪光点；拉丁能让你在媚惑的舞影和热烈的跳跃中进行自我释放，找到自信与快乐；拉丁可以提高你的音乐修养、舞蹈技巧，全方位提升你的气质；拉丁让你的一个不经意的动作、一个意味深长的眼神、一个转瞬即逝的表情成就你极致诱惑的美丽。

Casual And Energetic Latin Dress
随意动感拉丁操着装

为了更多地体现拉丁操的美感，最好能选择使身材显得修长的服装。裤子可以选择紧身喇叭裤、低腰裤，可以突出髋部的动作；上衣选择随意性很强、稍微紧身一些的服装，紧身背心再外套一个大袖口的罩衫最佳选择；鞋子的选择则是以鞋底柔软最为重要，高跟鞋能突出拉丁的风情，但一定要注意选择鞋底柔软的才不至损伤脚部。

Enjoy Music and Realize Life
享受音乐，感悟生活

音乐是舞蹈的灵魂，舞者通过肢体表现流动的音符，才是舞蹈的最高境界。拉丁美洲是一个多民族的组合，因此拉丁音乐是以多种音乐的融合而形成的一种多元化的混合型音乐。无论是欧洲的白人音乐、非洲的黑人音乐还是美洲的印第安音乐，甚至是东方的亚洲音乐，都对拉丁音乐做出过不同的贡献。它们经过长期的沉淀，在以欧洲文化为主体的基础上，同时又大量地汲取了印第安文化和非洲黑人文化的各种因素，逐渐形成了一种多姿多彩、充满活力、充满动感的拉丁文化。在拉丁美洲的众多国家中，以巴西和古巴为首的拉丁音乐，更是走在世界流行音乐的前列。

下面就为大家推荐最热门的拉丁歌曲：

01 "Whenever, Wherever"（无论何时，无论何地）夏奇拉（Shakira）

奔放、野性十足的动感情歌，以安地斯山脉排笛、巴西鼓等传统乐器调味。

02 "Historia De Un Amor"（我的心里只有你没有他）劳拉·费琪（Laura Fygi）

具现代浪漫气息和富有优雅休闲的感觉，予人一种畅游希腊、西班牙等旅游胜地，享受着地中海风情的感觉。

03 "when I dream at night"（当我晚上做梦时）马克·安东尼（Marc Anthony）

一首英文抒情小品，带出了Marc Anthony的深情及感动。

04 "If You Had My Love"（假如你拥有我的爱）珍妮佛·洛佩兹（Jennifer Lopez）

旋律优美，歌词上口，曾经稳居美国Billboard单曲榜4周冠军。

05 Bailamos（飙风战警）

安立奎·伊格莱西亚斯（Enrique Iglesias）

它将给你注入梦幻般的魔力，让你的心疯狂跳动。

Tips

品味拉丁音乐

瑞奇·马汀在世界杯上一曲《生命之杯》在全球范围内点燃了一股势不可挡的拉丁音乐热潮，让中国观众也领略了拉丁音乐的独特魅力，同时，也揭开了拉丁音乐大规模进入中国的序幕。

拉丁音乐是一个性感、狂野、热烈、充满了激情的"国度"！

这里有

Ricky Martin的动感经典、Enrique Iglesias的含情脉脉、Santana的摇滚，

还有国内歌星连续涌现出的流行魅力……

扭动起你迷人的身躯，在拉丁音乐里感受醉生梦死，感受激情人生！

06 Tricky Tricky（狡诈狡诈）卢贝加（Lou Bega）

拉丁旋律配以现代电子乐给人全新的音乐感受。

07 Baby One More Time（爱的告白） 布兰妮（Britney）

感性推荐、巅峰演绎，再度触发另一波热潮。

08 Asereje LAS（无菌）番茄汁（Ketchup）

最劲爆的拉丁歌曲完美代表作。

09 "The cup of life" （生命之歌）瑞奇·马汀（Ricky Martin）

自从在世界杯演唱过后，于1999年掀起了强劲的拉丁旋风。

PART

2

有氧拉丁，释放LATIN极致动感活力

LATIN AEROBICS, RELEASE ALL YOUR ENERGY

>

在这个世界上更新换代的东西太多了，
只有自信可以让一个人看上去永远都是美丽的，
只要她是美的，那她所有的一切都是一种时尚。

生命在于运动，自信源于运动，
运动每一天，成为永远时尚美丽的女人。

你的身体柔韧性不是很好，瑜伽让你望而却步；
你讨厌器械的灰暗冰冷，
健身房让你觉得“恐怖”------
你还有一个不错的选择——拉丁健身操，
这种热情奔放、自由随意的健身方式，
不用担心找不到感觉，只要开开心心地去跳，
淋漓尽致地把拉丁的感觉发挥出来，
在音乐中释放极致动感活力。

Warm up

and Body Enounce

Ⅰ. 热身，健身宣言

大多数锻炼者都容易忽视热身部分，他们经常会在一堂健身操课开始以后才匆匆加入，错过了热身部分的练习，忽略了热身运动的重要性。其实，热身是一堂健身操课中非常重要的一部分。

我们都知道，运动时我们的身体状态与平时是不一样的，比如关节的运动频率增多、心率加快、血流加速、呼吸加深等等。如果人体在没有准备的情况下，突然进入运动状态，势必会造成一些不良的反应，甚至受伤。

热身的重要作用是让身体和心理都做好运动的准备，使你由安静的状态逐步进入到运动的状态，为即将进行的剧烈运动做好准备。

热身运动的时间一般是整堂课的10～15%，受天气、温度、年龄、身体状况和训练水平等等因素的直接影响。天气冷时，人体的血液循环缓慢，肌肉、关节、韧带僵硬，活动的时间要长一些；年龄大的人关节、肌肉、韧带较僵硬，也需要更长的热身时间。

健身操的热身运动分为两个重要组成部分。

首先是进行动作简单、节奏较慢、强度不

大的有氧操练习使身体发热，以提高中枢神经的兴奋性，加强各器官、系统的活动能力。在这部分的练习中，我们要注意：动作组合应该简单一些，以全身性运动的动作为主，还要避免出现手臂伸过心脏高度的动作。

其次是充分活动各关节、韧带。这部分的练习不光是要对全身的关节、韧带充分活动，最重要的一点，就是要进行针对性的伸展练习，比如搏击有氧操的热身应该多注意肩、肘和腿部的伸拉，拉丁有氧操的热身应该注重腰腹部的伸拉，街舞的热身应偏重于膝关节的准备活动等等。还要注意的一点就是要因人而异，如果你以前受过伤，那么要特别注意自己受伤的部位，有没有活动到位，要花更多一点的时间在这些部位的准备活动上。

身体的血流量从心脏输入到肌肉的血流速度较快，因此，要避免强度大的动作。在Warm Up中，不要做手过头的动作，因为那样会对心脏造成很大的压力。如果想增加一些伸展拉伸动作，则主要以五大肌群（胸大肌、背部的下半身肌群、大腿的前部肌群、大腿的后部肌群和小腿肌群）为主，这将有助于防止受伤。但要切记将头部保持在心脏位置以上（不要弯下腰使头部向下）。

Tips

跳拉丁舞时的人体状态

上半身，尤其是肩部应巍然不动，是拉丁舞中一种文化的体现。

身体中部，包括腰部和胯部应尽情地扭动，彰显了非洲文化活泼、外向的特点。

下半身，腿和脚的舞蹈动作中有部分取材自印第安人的文化。

1－4拍：

两腿并拢，左右摆胯，双手从身体两侧打开，至头顶。

5－8拍：

左右摆胯，同时双手掌心朝前，于体前落下，至身体两侧。

注：2×8拍 重复 1×8拍

Tips

亚洲人的标准体重指标

根据米施洛营养康护中心周骏营养师提供的方法，亚太地区人士参考的体重指标为：

标准体重指标（BMI）＝体重（kg）/［身高（m）×身高（m）］

◆BMI<18.5为过轻　◆BMI为18.5～23为适中　◆BMI>23为过重，BMI>25为肥胖

另外，对于人体某个部位的肥胖也可测出大略的数据。方法是：

抓住肚脐左右2～3厘米处的部分，然后测量其厚度。

◆1厘米以下为过瘦　◆1～3厘米为正常　◆3厘米以上为肥胖

Latin Aerobics

3×8拍

左脚旁开一步，左右摆胯，双手自然垂于体侧。

Latin Aerobics

4×8拍

双手扶胯，胯逆时针方向绕圈两次。

Latin Aerobics

5×8拍

重心在右腿，向左顶胯四次。

Latin Aerobics

6×8拍

重心在右腿，左腿伸直点地，胯逆时针方向绕圈四次。

Latin Aerobics

7×8拍

7×8反方向重复5×8。

Latin Aerobics

8×8拍

8×8反方向重复6×8。

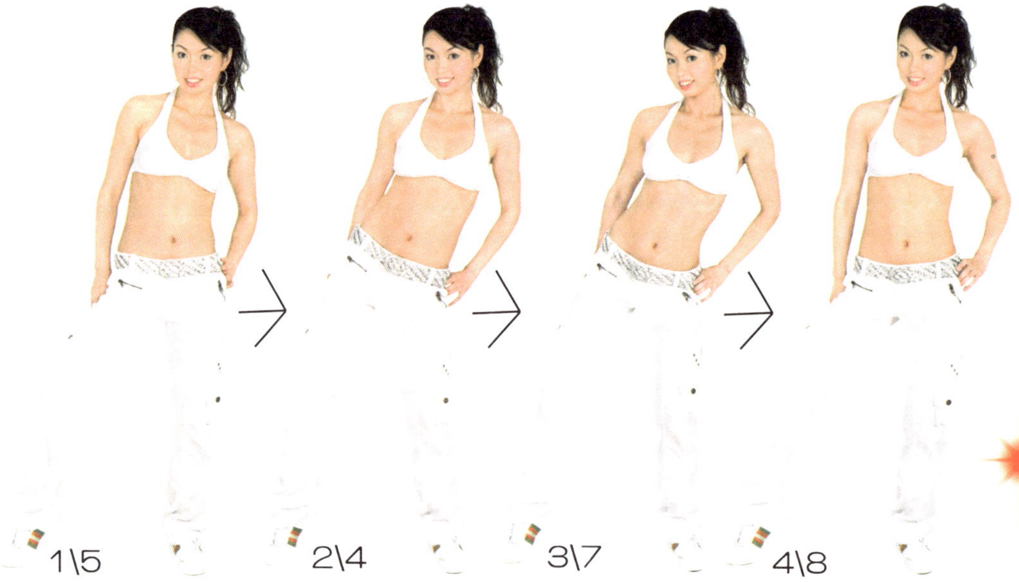

热身的土要功效：

●使肌肉和关节预备好迎接即将到来的练习，减少肌肉、关节、韧带的黏滞性，防止受伤。

●逐步加快血液循环，使流向肌肉的血流量增加。

●使心率逐渐从安静状态提高到目标心率范围，增强心脏的负荷能力。

●逐步提高肺部的气体交换能力，以适应增加的耗氧量，避免无氧代谢。

●提高运动中枢神经对肌肉的支配功能。

●集中注意力，做好练习前的心理准备。

Heartthrob

Latin Party

II.柔情LATIN，风情派对

拉丁，

是巴西嘉年华会万紫千红中所绽放出的热情与奔放，

它有着桑巴的阳光、恰恰的俏皮，还牵引出SALSA出神入化的诱人彩虹。

夏威夷的WAIKIKI、大溪地的草群舞、

加勒比海的浪漫及印加的神秘都跟它相关。

那是第一眼的性感，那是自然裸露的风韵。

举手抬臂间，一种别致，一种优雅，

一种专属于女人的诱惑!

浪漫、狂野的拉丁舞与韵律感十足的有氧操激情邂逅，

撞出了最炽热耀眼的火花，

演变出了一种超越空间、需要意会的时尚概念——拉丁操。

热情奔放的拉丁操可以让你轻松变身，

随着腰、肩、胯、腹部的扭动，将性感、妩媚表现得淋漓尽致。

Come On！我们一起来体会拉丁的异国风情，

尽情释放自己的身体，秀出优美线条!

第一段 Latin Aerobics

1×8拍

1－4拍：

先从腿部的动作开始，向左走两步，左手放于右腰侧，右手五指打开，从身体右侧开始呈弧线向上经过头顶落于体前。

5－8拍：

然后两腿带动身体向右转一圈，带上胯，让腰稍微柔和一点，左手依旧扶在腰侧，右手从左腰侧绕至脑后。当身体回到起始位置时，两腿并拢伸直，双手于胸前击掌后自然落下。

Tips

建立良好的生活习惯

在这个美女济济的年代，健康和美丽被越来越多的女性所关注。如何让你像一朵娇媚的花一样散发最耀眼夺目的光彩？我们需要来一场颠覆性的大变革，审视你的生活现状，改掉不好的生活习惯。从现在起，让我们开始七十二变，打一场保卫健康、美丽的漂亮翻身仗！

1.吃一顿营养的早餐　2.每日五种蔬果　3.每天运动30分钟　4.把大自然带进屋内　5.戒烟
6.吃饭时把电视关掉　7.劳逸结合　8.再忙也要和家人聊聊天　9.让自己拥有好睡眠

第一段 Latin Aerobics

2×8拍

1

2

3

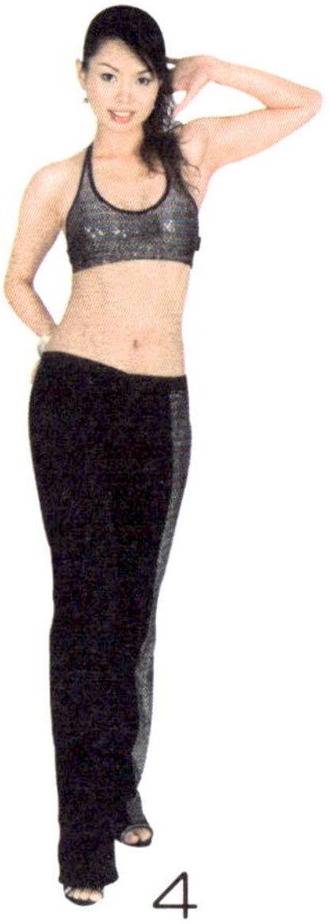

4

1－4拍：

从左腿开始，两腿交替前点，前点时慢慢带上胯划一个半圈。手部动作是从右手开始，配合腿部动作，双手交替打开从胸前开始往上走，绕至脑后落下。

5－8拍同1－4拍。

Tips

拉丁有氧操的呼吸方式

拉丁有氧操的呼吸方式一般是在肌肉收缩时快速呼气，肌肉伸展时慢慢吸气。在胸部练习时，为达到尽可能挺胸沉肩的要求，允许深吸气，但闭气时间一定要短暂，呼气为喷吐式。一般在做准备活动或放松活动时，要连续做几次动作后暂停，做一次呼吸；而在正规动作中，要达到一次动作几次呼吸；当身体接近疲劳时，要注意调整一下呼吸，以便更好地完成下一个动作练习。

第一段 Latin Aerobics

3×8拍

1－4拍：

从左脚开始进行一个伦巴步，带上胯绕半圈，同时双手握拳，从身体左下侧开始，朝右方向划圈，经头顶放至身体右下侧。注意要微微带动身体浮动，把胸挺起来。

5－6拍：

左脚向前跨一步踏点后，右脚随后向右跨出一步侧点，侧点时将胯提起来；左手放于身侧，右手收至肩前，立掌水平推出；重心在左腿上，膝盖微屈，身体微微左侧。

7－8拍：

反方向重复5－6拍动作。

4×8拍

1－4拍：

从左脚开始往后退，左右腿各一个恰恰。左脚往后退的时候，左手放于身后，右手在身前打一个响指；右脚往后退的时候，右手放于身后，左手在身前打一个响指。

5－8拍：

以右脚为中心，左脚绕四周点地使身体转一圈。转圈的时候，上身尽量不动，保持腰胯的摆动，臀部收紧，腹部收紧。双手于体前交叉，掌心朝下，再翻掌，使掌心朝上，向身体两侧打开后举至头顶交叉，掌心朝前；两腿最后成交叉步，膝部微屈，左腿在前。

Latin Beauty 拉丁美人

也许看着腿部的大跨度动作，你会望而生畏，可是这却是让你拥有极致美腿的最直接的动力哦！试试把腿分开绷紧，你会感觉肌肉在紧缩，一股从未有过的腿部力量在爆发，这就是塑腿的前奏。当股外侧肌和股四头肌在刺激下充分活动时，你的纤腿梦想已经不远了。

随着音乐节奏，轻挥双臂，以肘为轴带动臂膀旋转，充分刺激肱肌、肱二头肌及小臂屈肌群，让臂部多余脂肪无处可逃！在臂部屈伸的带动下，让臂部后侧松弛的肌肉紧紧靠拢在一起，在肌肉的不断牵扯和拉拢下，你想不要完美的肌肉线条都难！

第二段 Latin Aerobics

5×8拍

1\3

2\4

1－4拍：

快速抖胯，同时快速下蹲后还原。

Tips

拉丁天后珍妮佛·洛佩兹（Jennifer Lopez）

从好莱坞、流行乐坛到时尚舞台，拉丁天后珍妮佛·洛佩兹的魅力无所不在。她立于拉丁风暴的中心，她的性感是一堆混和着南美神秘香草味的嗲声嗲气的音符。她的超强动能与创造力为她赢得各个娱乐领域的掌声与喝采，以与众不同的拉丁风情令好莱坞耳目一新。

5－6拍：

从左脚开始一个V字步：左脚向左前方跨出一步，同时双手从前向右拍大腿一次；右脚向右前方跨出一步与左脚平行，同时双手从前向后拍大腿一次。

7－8拍：

左、右腿依次向后一步收回成并步，同时双手于胸前击掌三次。

6×8拍

1－4拍：

身体微微转向右斜方，从左脚开始一个伦巴，前点后回到体侧，带动胯的运动，尽量将胯拉开；同时双手在身体两侧握拳自由摆动。

5－8拍：

身体转向左斜方，左腿后点后回到体侧，双手依旧自由摆动。

Tips

安立奎·伊格莱西亚斯（Enrique Iglesias） 公认的“新一代拉丁情歌王子”

出道仅3年时间，11首歌曲成为“Billboard”拉丁排行榜上的冠军。正所谓“青出于蓝而胜于蓝”，安立奎首张专辑面世，当即获得全美“Billboard”专辑奖。一曲《BAILAMOS》，不但在“Billboard”单曲榜上傲视群雄，而且还超过了他的父亲——著名歌星胡里奥曾经创下的个人排行榜佳绩。

7×8拍

1－4拍：

左腿向右跨一步，左手随之向右下方打下；然后左腿回到原位，接着两腿跳起，右腿向体侧打开，跳的时候尽量把脚尖绷直，同时双手向身体两侧水平打开，掌心朝上。

5－8拍：

身体微微转向左斜方，右脚前后快速点地，同时带动胯部绕圈，双手于身体两侧握拳快速摆动。

Tips

什么是有氧锻炼

指人体体内的糖（或脂肪、蛋白质）在氧的参与下通过不断且较激烈的运动，分解成二氧化碳和水，同时释放大量的能量，最终达到去脂减肥的一种锻炼手段。在有氧训练中，氧的供应是实现有氧氧化的先决条件。人体吸氧能力越大，有氧氧化水平也越高。长时间亚级强度的训练，可以增加血液中含氧细胞的数量，提高肌肉中酶从血液中摄取氧的能力。

8×8拍

1－4拍：

右脚向左前方点地后绕至左后方落下，左腿收回至右腿旁，然后右腿再向侧方跨出一步，同时向右顶胯。双手握拳向左下方打下后落在左右胯上。

5－8拍：

双手依旧放于胯上，左右摆动，再由右向左转一圈。

Latin Beauty 拉丁美人

令人眼花缭乱的胯部摇摆动作，塑造优雅、性感、柔美的舞蹈语言，充分展现女性身体的阴柔之美。

一个动感的弹跳，实则是你赶走粗壮大腿的绝佳方案，让你腿部的脂肪细胞有力地分解，看那些顽固脂肪怎么还有容身之处！

看似一个叉腰的“小蛮女”，实际上在叉腰的过程中，由于手部肌肉的绷紧，直接刺激了靠近肘部的肱桡肌，这可是纤细小臂的关键因素哦!

第三段 Latin Aerobics

9×8拍

1－4拍：

从左腿开始往前走，两腿交替屈膝点地，带动左右胯的扭动。左腿前点时，右手握拳屈肘于肩前，左手握拳于肩侧水平伸直；右腿前点时，左手握拳屈肘于肩前，右手握拳于肩侧水平伸直，但第四拍时，左手收回后又迅速地伸直。

5－8拍：

反方向重复1－4拍动作。

第三段 Latin Aerobics

10×8拍

1－4拍：

挺胸，身体后倾，从左腿开始向后退四步，同时双手于身体两侧打开，快速抖肩，尽量手臂放松，而且注意保持下身不抖动。

Tips

优雅动人站姿法

不正确的站姿，不但会让整个人看起来很没有精神，长期下来更会形成驼背、小腹凸出、臀部下垂等后遗症。尤其是东方女性最常出现的“内八字”问题，会让你臀部两侧的肌肉松弛，双脚的重心偏向外侧，久而久之，连走路的时候也会变得“内八”而非常不雅观，严重的话甚至还会产生一些关节性的疾病。因此，正确的站姿绝对是让你拥有优美体态的第一步！可参考一下拉丁舞的各种基本站姿：

●正确的站姿

1）脊椎挺直，肩膀放松。站立时，背部脊椎务必挺直，头部拉高，下巴微缩，肩膀放松，使脖子到肩膀呈现自然优美的线条。

2）随时提臀，收缩小腹。毋须刻意挺胸、翘屁股，站立时只要让自己的身体与地面垂直，腹部肌肉紧缩，让臀部出现紧实感，身体重量平均分布于两脚，即可达到仪态优雅与雕塑身体的效果。

3）保持稳定，切忌摇晃。站姿不正确，会让你有种手足无措的感觉。请将双手自然下垂，调整呼吸，身体保持稳定状态，如此一来，你就可以站得很自然、很舒服。切记避免摇晃或抖动手脚，否则会给人一种轻浮的感觉。

5－8拍：

左脚向体侧跨出一步后收回，换右腿做相同动作，注意同时左右顶胯。上身不动，双手于体侧自然屈肘，当两腿交替向体侧跨出时，对应边的手的肘关节可以划一个小圈。

●女人味十足的站姿

1）重心放在单脚上，另一只脚交叉在前。想要站得有女人味，就必须将身体重心放在单脚上，另一只交叉在前侧或放在斜前方，脚踝和脚背尽量下压（注意不要内八），稍微侧身，让身体呈现S形的线条，增添几许妩媚感。

2）肩膀放松，收缩小腹。站立时身体不可过于僵硬，肩膀微微往后及向下放松。切记一定要缩小腹。

3）手轻放在腰际间。单手轻放在腰际间，另一只手则自然垂下，显示出自信十足的感觉。

第三段 Latin Aerobics

11×8拍

1－2拍：

左腿向左跨出一大步，双手于肩侧水平打开。右腿随之向左腿靠拢，双手落下。

3－4拍：

两腿成右弓步，右手自然放于体侧，左手握拳屈肘于肩前，挺胸。两腿伸直，左手移至胸前，然后两腿向右移动一步成右弓步，挺胸，左手移至肩前。

5 6 7 8

5－8拍：

左腿前后点地两次。前点时，身体向后倾，保持身体成一直线，右手在前、左手在后；后点时，身体向前倾，保持身体成一直线，左手在前、右手在后。

Tips

有氧健美操的起源

有氧健美操，源于英文“Aerobic”，意译为“有氧运动”、“有氧健美操”，最早由美国人Kenneth Cooper博士于20世纪60年代开始于美国推广。20世纪80年代初，美国健身、影视明星简·方达根据自己的健身经验和体会大力推广有氧健美操运动，她编写出版的《简·方达健美术》也引起了世界的轰动，对健美操运动在全世界的发展起到了积极的作用。

简·方达是20世纪70年代崛起的好莱坞影星。她并没有天赋的好身材，长到十二三岁时还又矮又胖。为了苗条，她采用节食、呕吐，服用可卡因、利尿剂等方法，但这些方法后来被证实对身体十分有害。痛苦的失败经历让她认识到“健康的美才是真正的美”。从此，她走上体育锻炼的道路，通过健美操来保持身体健康和体态苗条。60多岁时仍然保持少女的身形，与珍尼佛·洛佩兹联袂出演《怪兽婆婆》（Monster-In-Law）时，依然光彩照人，一点也不输给洛佩兹。

第三段 Latin Aerobics

12×8拍

1－4拍：

双手自然摆动，左腿前踢、侧踢后落在身体右后方，右腿收至左腿旁，然后左腿再向侧跨出一步，向左顶胯，重心在左腿上，右腿脚尖点地。

5－8拍：

身体转圈，以左脚为中心，右脚在身体四个方向点地，同时顶胯。左手放于脑后，右手于体下方伸直立掌，掌心朝下。

Latin Beauty 拉丁美人

舞蹈中充分的走、跑、跳及上肢各关节的转动、绕环动作，在提高了心肺功能的同时还可以调节精神、舒缓压力。

当臂部在空中摇摆时，因为牵动到胸部肌肉，能促进乳房的血液循环，加强腺体分泌女性荷尔蒙，刺激乳腺管组织扩张发达，让胸部脂肪组织细胞更加活跃，从而使乳房脂肪增厚，让胸部更丰满、更有弹性、更挺拔。因此，拥有“天使之翼”和“诱人双峰”绝不是梦想!

除此之外，手臂和身体的摆动动作也会牵引到腹肌，为了保持平衡，腹肌经常要绷紧，这也在不知不觉中紧实了腹部肌肉；同时，在运动过程中使用的胸式呼吸也减少了对内脏的压力，减少了腹肌痉挛。

在不停的摇摆和旋转的过程中，一种从心底滋生的放松和快乐的感觉也会越来越强烈，全面地展现了作为女人专属的美丽和自信!

Latin Aerobics
柔情拉丁连环图

1×8 拍

2×8 拍

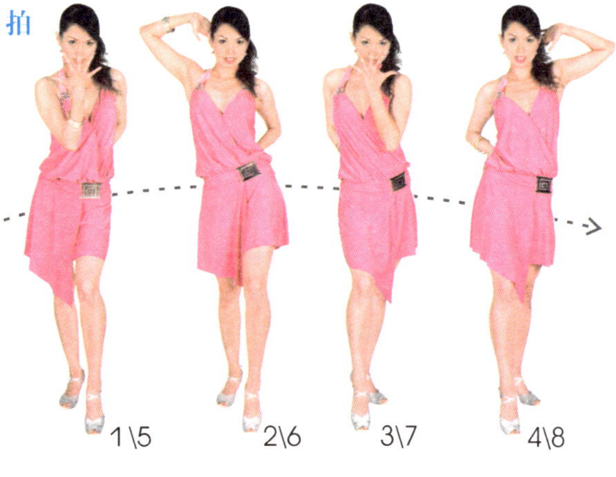

Tips

恰恰舞的特色

恰恰舞中有许多俏皮而利落的手臂动作，强调与腿部、脚部的配合，坚持下来，手臂的脂肪也就会在激扬、动感的音乐中随之消溶。

3×8 拍

4×8 拍

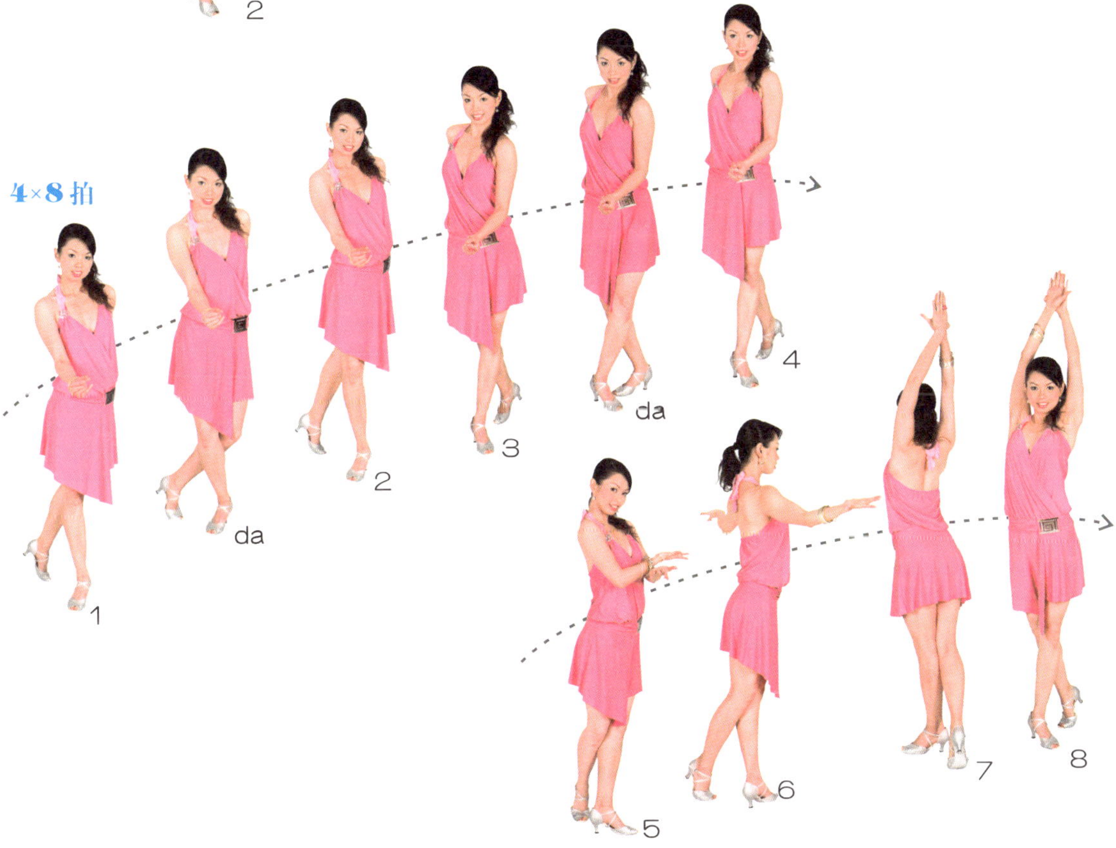

5×8拍

6×8拍

Tips

桑巴舞让你拥有性感身材

桑巴舞中的扭胯与摆髋动作，对腰部减脂与臀形的塑造相当有效，能够帮助女性形成梦寐以求的细腰翘臀的性感身材。每天只需花20分钟，坚持练一段时间，你会发现腰肢变纤细了，腹部更平坦了，身材更加健美!

7×8拍
1
2
3
4
5
6
7
8

8×8拍
1
2
3
da
4
5
6
7-1
7-2
8-1
8-2

9×8拍

10×8拍

11×8拍

Tips

摇曳生姿走路法

很多没有自信且害羞的女士，走路时总是低着头，一旦发现有人在注意她，就会变得更加紧张，脚步也会越走越快。还有一些因为穿着高跟鞋之后，习惯用脚尖走路，并将重心完全放在前方，使得走起路来整个人都会向前倾，完全没有美感可言，甚至还会经常跌倒。

其实这些不良的走姿不仅让别人看着不舒服，也会让你精心设计的造型及出众的气质大大减分！美丽优雅的女人要从正确的走姿开始！拉丁舞不但可以矫正错误的姿势，带来良好的肢体训练，让你学会正确的走路方式，也会教你习惯别人注视的眼光。纵使你没有学过舞蹈，只要能够把握下列几点原则，你也可以走得轻松自在、充满女人味。

● 正确的走路姿势

1）放慢脚步，不要赶路。走路时，请尽量放慢你的脚步。走得太快、太急，脚步便会失去节奏感，也不够雅观。唯有站稳脚步再出发，才能让你的身体自然律动，摇曳生姿。

2）双脚尽量走成平行的两条直线。不必刻意学专业模特儿走一直线，只要让自己的双脚以平行线的方式移动，就可以走得很有韵味了。

3）靠脚部移动带动身体。由于脚部的移动一定比身体来得快，因此走路时请尽量让脚先走，身体再跟上去，否则身体会往前倾，感觉就不平衡了。

● 女人味的走路方式

1）穿上女人味的高跟鞋。女孩子一旦穿上高跟鞋，臀部的曲线就会被托高，双腿也会跟着修长，举手投足间都能够散发出优雅的女人味。

2）身体重心放在后脚跟。穿高跟鞋走路时，请务必将身体的重心放在后脚跟，并且脚跟先着地，千万不可脚尖先着地，否则你将会感觉整个人的重心向前倾。

3）脊椎挺直，不刻意扭臀。走路时，背部脊椎务必挺直（不妨将手放在身体前后，感觉一下脊椎是否有挺直）。千万不要刻意扭动你的臀部，只要走路的姿势正确，身体自然的摆动将会散发出你的女人味。

12×8拍

Tips

动感拉丁中国星

对潮流具有敏锐触觉的一些中国音乐人也以极大的热情融入拉丁音乐的创作大潮中。

港台歌星李玟的一曲《真情人》，把拉丁风味演绎得淋漓尽致，也奠定了其 “拉丁式性感美女”的基础。

庾澄庆的《拉丁风格》一歌，长时间雄踞歌曲排行榜榜首。

而张学友，一个集歌、舞、说于一身，拉丁、情歌、民歌、摇滚风格的演唱样样精通的歌神，也对拉丁音乐情有独钟。他的《Corazon de melao》、《多么地需要你》、《one shining moment》和《如果没有你》，都是拉丁味极浓的歌曲，自问世后就成为了琅琅上口的流行歌曲。

以R&B风格为主的周杰伦，《叶惠美》是其首张以拉丁风格为主的专辑，里面的歌曲都融入了很浓的拉丁风味!

大陆歌星林依轮以一首极具拉丁风情的歌曲《爱在2000》和《哎哟》树立了自己“中国拉丁王子”的新形象。

Forgather

Forgather with Energetic Latin

Ⅲ.动感LATIN，欢乐聚会

每年的奥斯卡颁奖典礼，
身着露背礼服出现在星光大道上的女明星们，
如同一块温润滑软的美玉，折射出万种风情，
让亿万男人为之倾倒痴狂。
但随着全智贤类野蛮女友的出现，
你会发现跳着动感LATIN的女人也很迷人!

这套激情帅气的拉丁操，
热烈奔放，充满激情，洋溢着青春活力，
让你越跳越起劲，忘情投入，
在动感十足的拉丁音乐中充分释放情绪、减轻压力，
获得快乐的同时也健身塑形，
尤其是塑造腰、腹、臀部曲线。

第一段 Latin Aerobics

1×8拍

1－2拍：

双手握拳自由摆动，左脚前点带动胯向前划半个圈，然后右脚后点带动胯向后划半个圈。

3－4拍：

重复1－2拍。

Tips

拉丁舞精要——伦巴的常步

伦巴常步的特色是身体的动作、脚部的移动和快速伸直脚。可能在一个步伐完成前，脚已快速地伸直。

5－6拍：

右手自然落于体侧，左腿向侧点，身体往侧倾，左手屈肘于肩前后用力向右推出，然后身体回正，左手收回至身侧屈肘，翻转左手手腕使之绕一圈。

7－8拍：

上身前倾，做身体波浪一次。

第一段 Latin Aerobics

2×8拍

1－4拍：

双手握拳自由摆动，左脚往前一个恰恰步，然后右脚向右侧一步，同时要把胯向外划半圈，移重心，把胯向左侧划半圈。

5－8拍：

转身向左，重心在左脚，右腿提起来贴在膝盖窝，绷直脚尖，然后再转向右边，右脚向右一个恰恰步。

Tips

掌握好有氧健身操的运动量

有氧健身操的运动量是由参加运动频度、持续时间、运动强度决定的。

●运动频度：每周参加3～5次的锻炼。

●持续时间：20～60分钟。

●运动强度：

一般保守的运动强度为：运动心率=(55%～85%)×(220-年龄)

一般身体健康青年的运动强度为：运动心率=(60%～90%)×(220-年龄)

第一段 Latin Aerobics

3×8 拍

1

2

3

4

1－4拍：

双手打开在身体两侧，左脚前点，然后转身180°，点地的同时把胯提起来，最后身体转向正面，身体右倾，两腿分开，重心在左脚。

5\7

6\8

da

5－6拍：

左脚前踢，踢的时候一定要绷脚背，接着后点，提胯，重心移至左腿。前踢时右手在体前打响指，后点时左手在体前打响指。

7－8拍：

重复5-6拍。

第一段 Latin Aerobics

4×8拍

1\3

2\4

1－4拍：

两腿跳跃分开，双手打开伸过头顶，掌心朝外，然后跳跃并腿，含胸，双手握拳屈肘于胸前。重复两次。

Tips

肥胖的类型

肥胖是一种症状，许多内分泌疾病都会引起肥胖。临床上按病因将肥胖分为单纯性肥胖症和继发性肥胖症，前者属于生理性，后者属于病理性。

◆单纯性肥胖：是各类肥胖中最常见的一种，约占肥胖人群的95%左右。它主要是由遗传因素及营养过剩引起的。

◆继发性肥胖：主要是由神经系统或内分泌系统的病变引起，显示为一种病态。大多是以内分泌腺体功能异常为主要因素，属病理性肥胖，约占肥胖病的2%～5%左右。较常见的有肾上腺皮脂功能亢进性肥胖、垂体性肥胖、胰源性肥胖、下丘脑性肥胖、性腺功能减退性肥胖、甲状腺功能减退性肥胖等。

5－8拍：

两腿跳跃打开，快速摆胯，保持上身不摆动；上身弯腰，然后慢慢挺直；双手从腿部开始沿身体举过头顶，十指打开。

Latin Beauty 拉丁美人

上伸手臂和旋转的动作，可以运转肱二头肌、牵动胸大肌，对于纤臂和丰胸均有良好功效。

不同节奏和速度的扭腰、摆臀舞姿，优美流畅的“蛇行”腹部波浪动作，能刺激到人体的腹直肌、腹外斜肌和臀中肌。这些肌肉的大幅度运动，让腰、臀和腹部肌肉更加结实和收紧，拥有性感的小翘臀、结实平坦的腹部和紧致玲珑的“小蛮腰”不再是梦想。

第二段 Latin Aerobics

5×8拍

1

2

1－2拍：

双手打开至肩侧水平伸直，掌心朝上，左脚向身体右前方点地，同时向前顶胯，身体后倾使左腿与上身成一直线，然后收回左腿与右腿并拢，身体挺直。

3

4

3－4拍：

反方向重复1－2拍动作。

5－8拍

左腿前点一步，右手握拳前甩，左手握拳后摆；右腿提起后落下，紧接着转身180°，向后一个恰恰步。

Tips

马克·安东尼（Marc Anthony）最出色的拉丁SALSAS艺人

在热带拉丁舞曲界，他早已是众所周知的最出色的拉丁艺人。3张西班牙专辑张张都在美国创下金唱片或白金唱片的销量。作为拉丁音乐骑士，安东尼大放异彩，将波多黎各的风情与美国城市人的个性相融合，形成了自己独特的拉丁风格，极致地表现奔放、动感的拉丁节拍。

6×8拍

1－4拍：

左脚后点，提胯，然后向左转身。移重心，右脚向侧一步，同时右、左摆胯一次。

5－8拍：

右腿上步，然后向左侧走两步，步伐尽量迈开一点。重心移到左腿，右腿拖回来，上身后倾，双手屈肘，两肘把身体夹紧，沿头、肩、胸、腰、胯放下。这个过程中有个挺收胸动作。

7×8拍

1－4拍：

右脚前点，胯尽量向前顶，但身体向与胯相反的方向扭动，左手握拳屈肘于胸前，右手握拳于肩侧水平伸直。接下来，右脚后点，胯尽量向后拉，但身体向与胯相反的方向扭动，右手握拳屈肘于胸前，左手握拳于肩侧水平伸直。注意这一过程中需要不停地向左移动。

5

6

7

8

5－8拍：

右脚向左侧点，右手握拳前甩，左手握拳后甩；然后转身向后转一圈回到身体向左，双手自由摆动，最后水平握拳屈肘于胸前。

Tips

拉丁新天后夏奇拉（Shakira）

夏奇拉（Shakira）不仅代表着一个狂野中带有优雅、性感又不失纯真浪漫气息的女子，更传递出一个奔窜着拉丁血统的浓郁热情因子，蕴藏着充满侵略性的摇滚元素，同时又充满着多样化诗词意境的独特音乐风格。而这样特异突出的组合成果，不仅让Shakira成为拉丁音乐界的传奇，更已成为继Jennifer Lopez之后成功跃上全球流行音乐舞台最前端的女性拉丁艺人！

除了无可替代的歌喉，热辣的舞姿也是她战无不胜的秘诀！“拉丁热舞是让我通往演艺世界的护照。” Shakira骄傲的地宣称。血液里奔放的拉丁因子让她展现出无可替代的魅力！每次演出时，夏奇拉的喷火曲线、美丽性感的长腿，加上性感的拉丁舞演出，就是吸引千万歌迷的致命武器！

8×8拍

1－4拍：

右、左脚先后向后一个恰恰步，同时带上相对边的手于体前打响指。

Tips

拉丁操更注重自己的感觉

拉丁操既不是舞蹈也不是健美操，不要求完全的整体划一，更注重自己的感觉。如果你有了很到位的感觉，能够释放自己，大胆再大胆，就对了！一堂课真正坚持下来，运动量很大，腰部两侧得到充分地运动，当然腰可能会出现酸痛的现象，但如此一来，对美化女性腰部就产生了格外有效的作用。人体的腰部在充分运动的时候，与此同时大腿内侧也受到肌肉骨骼牵连而得到充分锻炼，因此髋部、臀部和腿部的多余脂肪就会被完全消耗，髋部美感、性感翘臀和腿部线条被锻炼出来，女性下半身的美丽曲线也就无法隐藏！

5－8拍：

右脚向后跨一步使身体向正前方，双手自然落于身体两侧，然后左手于身体左上侧伸直，五指打开，右手扶胯，头向右转，上身做一个波浪式扭动。

Latin Beauty 拉丁美人

手的律动，带动了肌肉的充分活动，让脂肪挥发得更加迅速，也加强了胸部肌肉的拉伸，防止胸部下垂。

腰的扭动，把腰肌灵活开来，成为对付赘肉的有力武器；腹部力量的爆发，让脂肪充分燃烧，促使赘肉转化为漂亮腹肌。

看似不动声色的双腿运动，实际上却让臀中肌、股中肌和胫骨前肌放肆地活跃了一把，通过腿脚部不停地交叉与变换，不仅活跃了下肢的肌肉细胞，也活跃了腰腹部的肌肉细胞，将机体所需的营养物质、氧气以及生物活性物质运送到肌肉和各组织器官，并把代谢产物带走，减缓肌肉与附着组织的退化和衰老过程，使身体动作机敏、灵活而富有朝气。

9×8拍

1－2拍：

两腿微微屈膝下蹲，上身微前倾，左腿侧点，收回来换右腿。点左腿时左手于体前打响指，点右腿时右手于体前打响指。

1

2

3

4

3－4拍：

再换左腿侧点，左手于体前打响指，然后向前甩头一次。

5

6

7

8

5－8拍：

左脚向前后进行一个伦巴步，带上胯绕半圈，同时双手握拳自由摆动。

Tips

超级名模亚米拉·迪亚兹（Yamila Diaz）

来自阿根廷、24岁的亚米拉·迪亚兹全身散发的魅力令人心神荡漾。她的美，将拉丁美女的狂野、性感与梦幻集于一身。由于模特界竞争的激烈，亚米拉尤其注重对身材的保养。而在这方面，拉丁美女可谓得天独厚，因为她们天生就会跳舞，热情桑巴、野性斗牛舞的因子早已融入亚米拉的血液之中。而把各种拉丁舞的动作与有氧健身操结合起来的拉丁有氧操，则给了亚米拉最大的放松与愉悦，“拉丁舞让我风情万种，有氧操让我充满活力，它们是我模特生涯的保障！”

10×8拍

1－4拍：

左脚前点，双手握拳于胸前交叉，然后顶胯，同时双手用力向下压，手指分开；转身180°向后，左脚再前点，双手握拳于胸前交叉，然后顶胯，同时双手用力向下压，手指分开。

Tips

拉丁舞动作要领

拉丁舞主要是胸、腰、髋、臀、胯部运动比较多，而且动作的幅度都很大，加上舞步有力、节奏轻快，因此在跳舞的过程中，能充分调动这些部位的每一处肌肉，促进肌肉等长收缩与拉伸，经常训练能练出漂亮有弹性的肌肉。这也是跳拉丁舞的人腹部比较平坦，身体各部位不大会有赘肉形成的原因。

5－8拍：

再转身180°，两腿分开，微微屈膝下蹲，身体向左前方向前顶胯两次，然后再转向右前方向前顶胯两次，双手屈肘于肩前，手掌朝外。当向前顶胯时双手向前推出，收胯时双手收回。

11×8拍

1－4拍：

两腿跳起并拢，双手于头顶伸直合掌，接着两腿跳起分开，使上半身朝前，下半身转向右边，双手于上半身两侧打开，掌心朝下，然后向后顶胯两次。

5－8拍：

双手扶胯，胯沿顺时针方向绕圈两次。

Tips

拉丁最致命的魅力

一个著名的拉丁舞蹈家曾说过：“跳拉丁舞的女人不一定是漂亮的女人，但一定是韵味十足、风情万种的美丽女人。”由此足见拉丁最致命的魅力了——拉丁舞的美表现在线条美上。除斗牛舞外，另外四种拉丁舞都有腰胯动作，不同的力作用于腰胯上，令身体生出不同韵味的线条变化，正是这些不断变化的优美线条、一个个生动美妙的舞蹈动作，使女性朋友在纤体的同时还将女人的性感魅力发挥到极致。加之舞蹈关注自身激情的释放和随心所欲的个性表现，更是性感与狂野的结合。拉丁舞会令平凡的女人在举手投足间都充满性感，使女人味得到张扬，这是减肥、扩胸、穿吊带背心或魔术胸衣所达不到的。

12×8拍

1－2拍：

双手自然落于身体两侧，左脚向右跨一步，右脚随之也向右跨一步。

3－4拍：

以左腿为重心，右腿勾腿向上跳，起跳时做手的动作：双手屈肘，两肘把身体夹紧，沿头、肩、胸、腰、胯放下。这个过程中有个挺收胸的动作。

5－6拍：

右脚落至身体左前方，左脚跟着向左跨一步落在右腿侧，重心在左腿，右腿屈膝点地，双手向身体两侧打开，掌心朝下。

7－8拍：

右、左、右三次摆胯，重心在两腿之间转移。最后一拍，头向上抬。

Latin Beauty 拉丁美人

紧实的肌肉、弹性十足的S形体态、舒展的姿态和良好的风度才是最炫的时尚美人！拉丁操由于动作力度的加大，也同时加大了协调人体各部位肌肉群、燃烧多余脂肪和释放热量的力度，这是塑造好身材的关键所在。简单的一摆手、一抬足的动作，不仅可以增加臂部和腿部的热能消耗，让赘肉最大程度地转化成肌肉；还能锻炼身体的灵活度，使身体在扭摆中更显女人味。

一个雀跃的腾飞，让腰腹肌和骨盆肌也充满了活力。这种活力的爆发，不仅可以把腰腹部和大腿部的赘肉随风弹掉，让本来了无生机的肌肉变得结实而富有弹性，还能加强肠胃的蠕动，增强消化机能，让内部器官得到有效的改善。

这段动作在姿势的基础上，还配合了有序的呼吸，能刺激脑部神经，醒目提神，让心情舒畅无比，还能调节肺部气息，让你永远充满青春活力！

Latin Aerobics

动感拉丁连环图

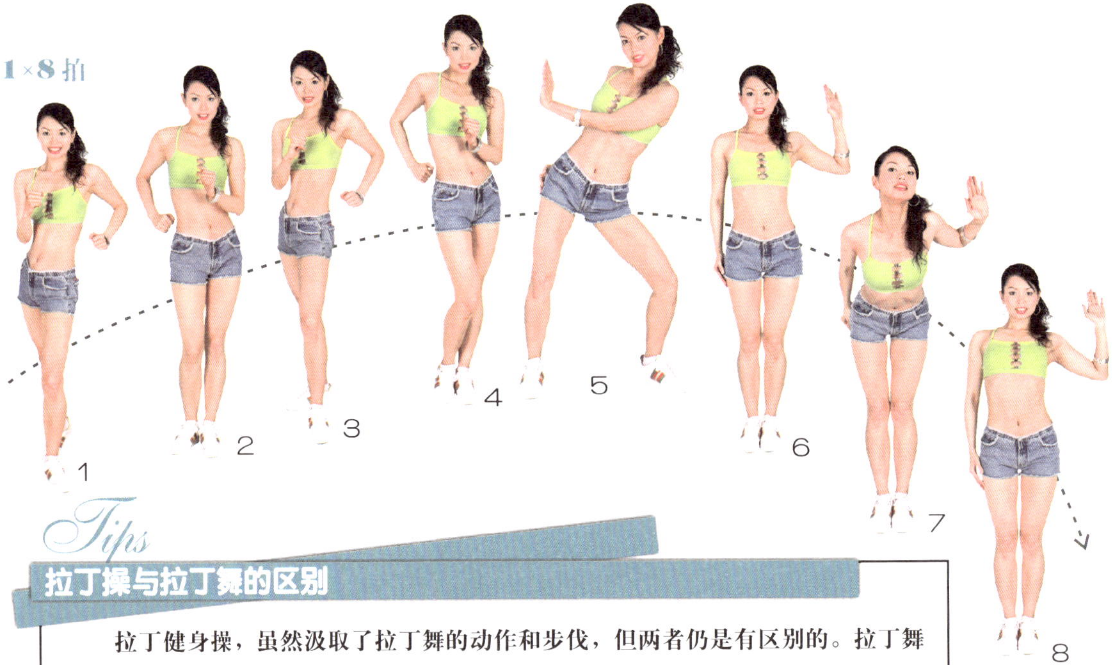

Tips

拉丁操与拉丁舞的区别

拉丁健身操，虽然汲取了拉丁舞的动作和步伐，但两者仍是有区别的。拉丁舞是带有专业性质很高的舞蹈，它对基本步伐要求很高，讲究艺术感；拉丁操则是拉丁舞和有氧操的嫁接，简单易学。练习拉丁操，对你动作的细节要求不高，不强调基本步伐，更强调能量消耗、锻炼的价值和追求身体线条，主要注重对髋、腰、胸、肩部关节的活动，尤其适合腰围、臀围过大的白领一族。

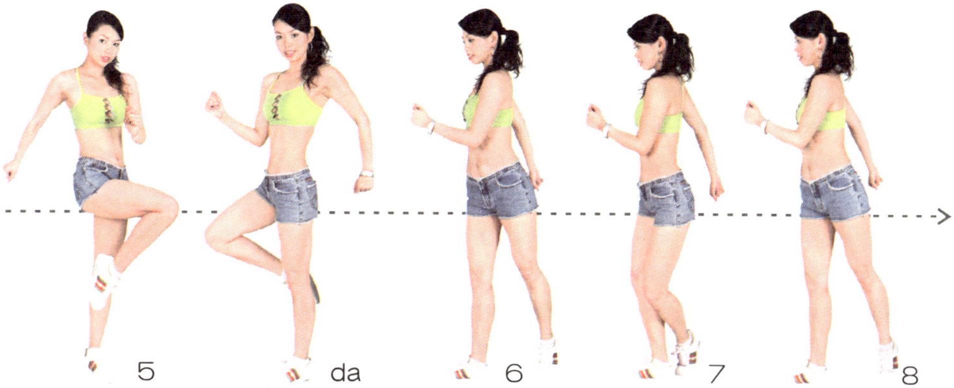
5
da
6
7
8

3×8拍
1
2
3
4
5\7
da
6\8

4×8拍
1\3
2\4
5
6
7
8

5×8拍

6×8拍

7×8拍

8×8拍

Tips

气质满满坐姿法

坐下来，是最放松的时候，也是最容易松懈的时候。建议你，随时随地注意自己的大腿内侧是否夹紧了。以下这些提供给你做参考：

●正确的坐姿

1）脊椎挺直，收缩小腹。坐着时，头部与颈部不可向前倾，背部脊椎务必挺直，与臀部呈90°弯曲。

2）椅子只坐三分之二。正式场合请维持椅子只坐三分之二的原则，不要紧靠着椅背，看起来会比较有精神。

3）双腿并拢，不可抖脚。无论穿裙子或裤子，都要将双腿并拢，使膝盖呈90°弯曲。切记避免摇晃或抖动手脚，否则会给人一种轻浮的感觉。

●女人味十足的坐姿

1）脊椎挺直，肩膀放松。坐着时，背部脊椎务必挺直，肩膀放松，使脖子到肩膀呈现自然优美的线条，并将双手放在大腿上或身体两侧。

2）双脚交叉，斜放在前方。最有女人味的坐姿，莫过于将双腿交叉，斜放在前方，并尽量将小腿互相交叠紧贴，使腿部看起来更加修长。

3）脚踝和脚尖请尽量向下压。坐定时请尽量将脚踝和脚尖向下压，以达到腿部修长、姿势优雅的效果。

10×8拍
1
2
3
4

5
da
6
7
da
8

1
2
3
4
5
6
7
8
11×8拍

12×8拍

Tips

减肥不是单纯地减重而已

“无论怎么做运动，体重一直都减不下来……”我们常会听到有人这样抱怨着。的确，做运动消耗热量，所以脂肪应该减少，体重也会减轻才对，然而，似乎有很多人进行得不顺利。

运动所需的能量，来自每天吃下去的食物。经由饮食而得到的营养素，包括有蛋白质、脂质、矿物质、维他命及水分等，其中可以成为运动能量来源的是脂质、糖类、蛋白质。“体脂肪率”是指脂肪在身体中所占的比率，它会因身高、年龄、性别不同而有差异。大致上的标准是：女性的体脂肪率在30%以上、男性在25%以上就算是肥胖。即使体重略为增加，只要“体脂肪率”没有超过肥胖的标准，就算是健康的；反过来说，即使体重减轻，只要脂肪比率高，就算是肥胖。一旦肥胖，罹患糖尿病、高血压、心脏病的机会就相对增加。因此，不要让“体脂肪率”超过肥胖的标准，才是真正的健康之道。

Relax Yourself

Ⅳ. 放松，舒缓心情

经常在健身房里见到这样的情形，有的练习者刚跳完有氧操，为了赶时间，就放弃和教练一起进行最后一部分的整理运动，匆匆离开操房。在大多数练习者的心中，认为有氧练习已经完成了，放松部分根本不重要，洗个热水澡，休息一下就没事了。

事实上，放松部分是不能忽视的内容，随着音乐节奏和动作速度放慢，心率也逐渐慢慢降低，这时可选择一些舞蹈或瑜伽、太极等动作作为过渡。

一般来说，放松练习分三个部分：整理恢复、伸展和放松。整理恢复部分的主要工作是逐渐减小运动的幅度，使心率慢慢地降下来；伸展部分的主要工作则是对肌肉进行伸展练习和提高柔韧性；放松部分的目的是使紧张的神经逐渐放松。

Relax Yourself

1×8拍

1－4拍：

两腿分开下蹲，两手于体下侧打开，掌心朝上；然后两腿慢慢伸直，双手从身体两侧伸至头顶。

5－8拍：

双手沿原路返回落至身体两侧，掌心朝上。

注：2×8重复1×8动作。

Tips

桑巴舞让你拥有性感身材

桑巴舞中的扭胯与摆髋动作，对腰部减脂与臀形的塑造相当有效，能够帮助女性形成梦寐以求的细腰翘臀的性感身材。每天只需花20分钟，坚持练一段时间，你会发现腰肢变纤细了，腹部更平坦了，身材更加健美！

Relax Yourself

3×8拍

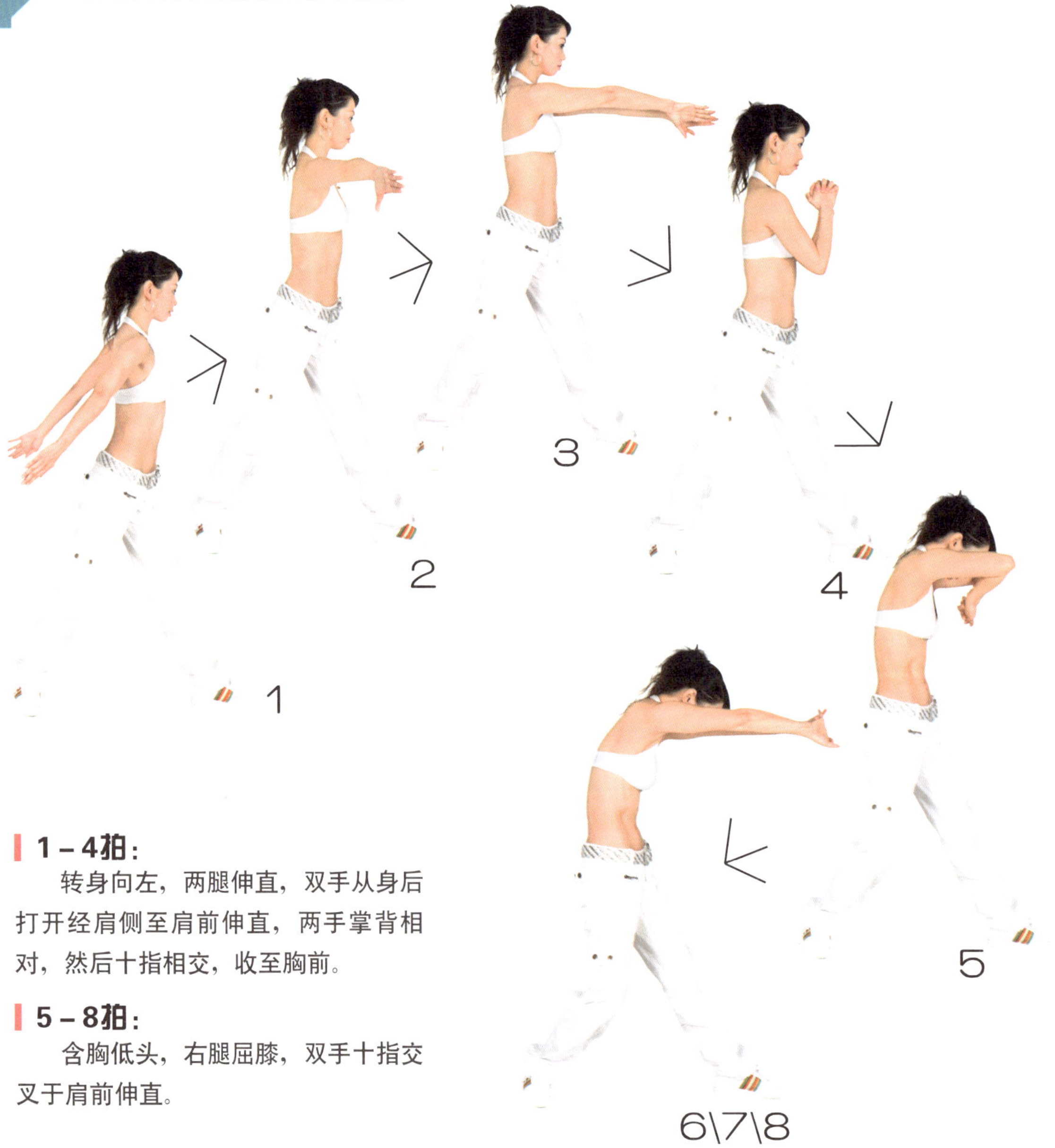

1－4拍：

转身向左，两腿伸直，双手从身后打开经肩侧至肩前伸直，两手掌背相对，然后十指相交，收至胸前。

5－8拍：

含胸低头，右腿屈膝，双手十指交叉于肩前伸直。

Relax Yourself

4×8拍

1－4拍：

身体慢慢挺直，双手随之从肩前慢慢伸至头顶。

5－8拍：

身体回正，双手落至身体两侧伸直与腿平行，掌心朝上。

Tips

拉丁最致命的魅力

浓郁、狂放，还带有些许浪漫，这就是迷人的拉丁风情。拉丁歌舞多是由欧洲歌舞在非洲文化影响下逐渐演变而成，融合了非洲、欧洲和拉丁美洲本土的文化元素，甚至还有一点亚洲音乐的痕迹。聪明的拉丁音乐人把拉丁和摇滚、说唱、蓝调元素“炒”成一盘精彩的“大餐”，加之他们本身与生俱来的柔韧性和节奏感，让拉丁舞的动作造型更加优美流畅，欣赏性和竞技性更佳。不少高难度的动作设计，在其他民族舞蹈中难得一见。

Relax Yourself

5×8拍

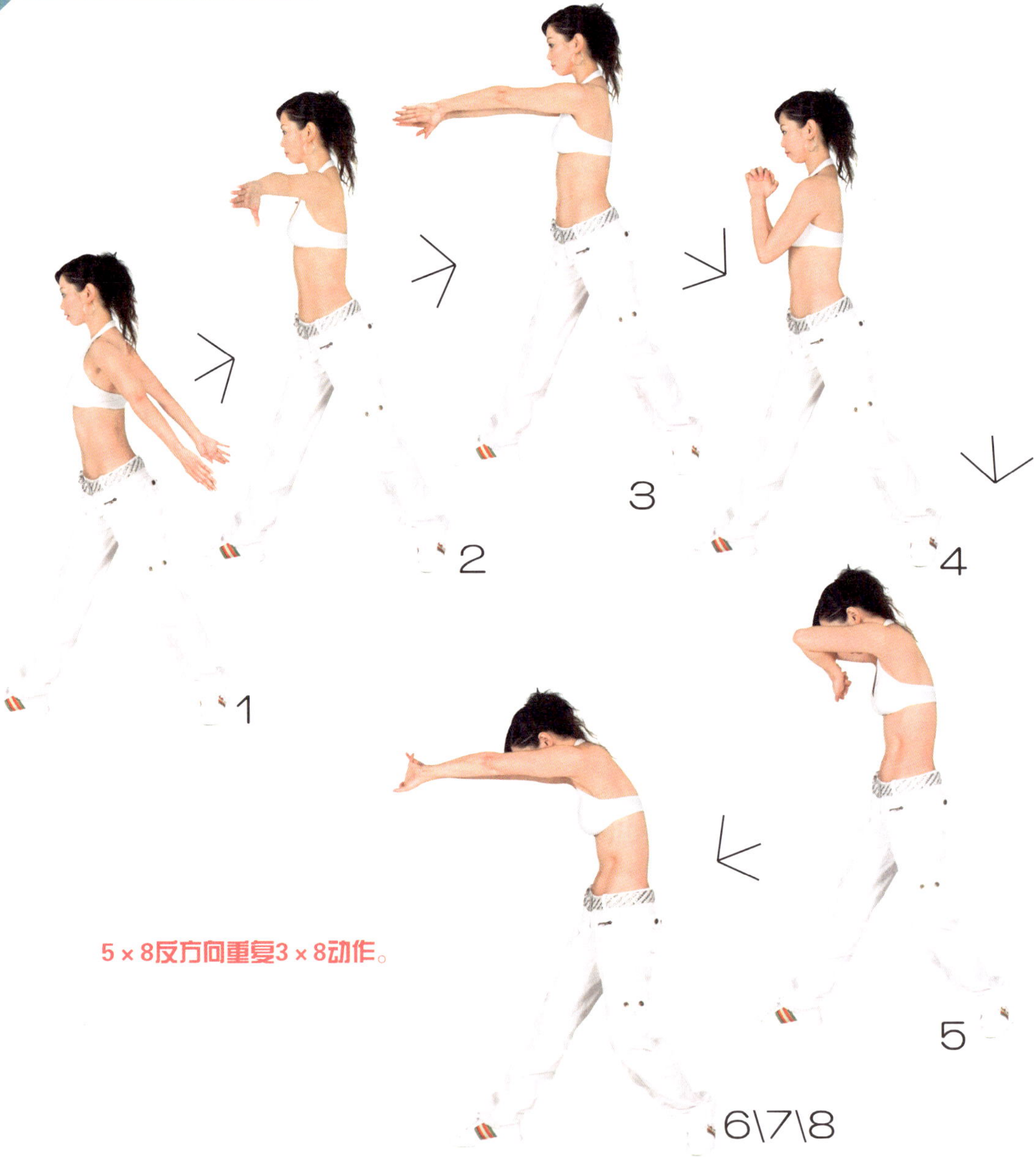

5×8反方向重复3×8动作。

Relax Yourself

6×8 拍

6×8反方向重复4×8动作。

Latin Beauty 拉丁美人

放松练习的益处：

●如果长时间运动而不做整理活动，突然停止运动，血液仍然积存在肌肉中，容易使人晕倒。放松运动可以帮助血液较快地回流到心脏，促进心脏恢复到正常的工作状态。

●放松运动可帮助消除代谢的产物（乳酸），避免肌肉酸痛现象的出现。

●帮助放松肌肉。如果肌肉总是处在紧张的状态，会降低肌肉的弹性，影响肌肉力量的提高，而且容易导致肌肉拉伤。

●放松运动还能使神经系统和其他的内脏器官由紧张的工作状态逐步恢复到正常状态，使人的心情慢慢安静下来，从而促进整个机体较快地恢复。

●在放松阶段进行柔韧练习，效果更好，能更有效地提高柔韧性，且兼具伸展肌肉的功效。

PART 3 >

有氧健身操，引爆健康塑形时尚风

LATIN AEROBICS, BREAK OUR A BODY HEALTH FASHION

清晨，南丁格尔穿着特别改制的骑马装走过一个个村落；
街角，夏奈尔越过男人的肩头看见自己的名字写在未来的世纪；
黄昏，西蒙波娃在那个著名的咖啡馆说：
女人不是天生的而是造就的……
当健康站在时尚前端的时候，
女人，这个最真实、最生动、最活脱、最通灵的群体，
不再依赖上天造化，而是不停步地自我造就，
从有氧健身操中提炼一个崭新的自己。

有氧健身操，一项富有韵律性的运动，
通过长时间持续的运动，
增强身体功能，保持精神舒畅、活力充沛，
消减脂肪，锻炼肌群，拥有迷人身段，
于是，健康美丽。

Fashion Aerobics, New City Body

Ⅰ.时尚健身操，鲜活都市美体韵动

当传统有氧操与多种时尚健身运动、舞蹈元素或者器械运动嫁接联姻后，成为一个繁盛的有氧健身操大家族：热情奔放的有氧拉丁操、妩媚性感的有氧爵士操、超强燃脂的有氧哑铃操、帅气“野蛮”的有氧跆搏操、立体动感的有氧踏板操……但无论冠上何种名词或是形容词，都只能说明一个问题：有氧健身操不断鲜活了都市的美体韵动。

COMMON AEROBICS 大众健美操

自有氧健美操诞生至今，30多年来，健身界的时尚风向已不知转换了多少次，东风袭人的印度瑜伽、西风劲吹的普拉提、拉丁风猛刮的LATIN舞、嬉哈风狂飙的街舞……而有氧健美操为什么依然能够在健美界引领风潮，在健身房稳坐头号交椅呢？秘密就是：它自身也在不停地新陈代谢、推陈出新。

健美操以健身为基础，融健身和健美于一体，既注重外在美的锻炼，又强调内在美的培养。动作朝气蓬勃、简单大方、有力度，又要求准确到位，通过有效的训练使人体匀称、和谐发展，有利于塑造形体美。它的节奏变化一般表现在力度的强弱和动作的速度上。练习者可以根据自身情况选择刚、柔、绵、脆等多种动作形态，在力度上可选用大小、强弱、快慢的表现形式。

柔韧平衡美体操帮助你提高身体的灵活度，让僵硬的肢体变得柔软，给你一个韧性十足的身段。黄金等级套路针对全身各部位重点塑型，让凹凸有致的身体梦想成真！燃脂花样套路流畅动感，强烈的节奏感和韵律感更加吸引人，跳跃、移换步、旋转……加速脂肪燃烧。舒缓调息放松操帮助你调整呼吸，有效缓解机体疲劳，还融入了优雅的芭蕾动作，让你充分享受运动后的轻盈舒畅，培养气质高雅的氧气美女！

FAT BURNING STEP
燃脂瘦身踏板操

踏板操，一种具有挑战性的中等强度的有氧运动，1968年起源于美国，并连续风靡了数十年，几年前传入国内，引起了一股不小的“板上”风潮，报名学踏板操的人每天都在增加，使得踏板操成为各大健身房的得意项目。

在可高可低的踏板上，在充满激情的音乐中，耗能减脂，提臀美腿，改善女性肌肉线条；有效地增强心肺功能及协调性，可以说是“内外双修”的运动！动感、激情、塑形，它被欧美许多明星视为经典的有氧健身！

踏板操作为有氧健美操，应在供氧充足的状态下进行长时间、中低强度的练习。踏板所具有的高度加上这种运动强度，完成同样动作比在平地上耗能要多，加之踏板操动作中的舒展与伸拉，使您的动作更灵活、更轻盈，同时运动负荷的合理增加也将有利于心肺功能的提高。

不要以为踏板操只是上板下板那么简单，它还有很多种不同的玩法：可以任意调节踏板高低；可以同时进行哑铃锻炼；可以单板、双板任意转换着玩；也可以自创自己觉得COOL的板上动作……每一种都有独特之处，都能达到有针对性的锻炼效果。

VALIANT KICKBOXING
英姿飒爽搏击操

源于美国、风靡全球的激情塑形运动Kickboxing，最早是由欧洲的搏击选手与职业健身操运动员所创。它将有氧健身操与跆拳道、泰拳、拳击、散打等搏击运动的动作技术融于一体，动作刚劲有力、帅气十足，在“野蛮”中COOL出镜，成为都市“暴力减肥”新宠。

时尚、活力、快乐、个性是有氧搏击操的核心。其中最核心的理念，就是“运动＋快乐”，在快乐中运动，在运动中体验快乐。生活如果是一场轻松快乐的舞蹈，就意味着幸福。Kickboxing就是这样一种“舞蹈”，它始终与音乐相伴，而且选择与世界潮流同步的最时尚的音乐，令肌肉时时感受新鲜的刺激。所有动作都是根据音乐，由顶级教练、舞蹈设计师、运动生理学专家和社会行为专家共同设计编排的。音乐在有氧搏击操中最具煽动性，无论是教练还是练习者，在或激昂或舒缓，或是摇滚说唱，或是高雅轻音乐的伴奏下，做着力度十足或柔软舒张的动作，都会体会到一种舞蹈般的美感！

有氧搏击操最大的优点在于它不仅能够帮助迅速燃烧脂肪，强力减重，还可以强效雕塑体型，起到减脂又塑形的双重功效。来源于不同搏击运动的多元化动作可以让全身各部位都充分受力，多角度、全方位的锻炼，瘦得匀称，尤其对腰、腹部的减脂效果远远超过其他健身方式。坚持锻炼，你会惊喜地发现：手臂、腰、腹、臀、腿部的赘肉统统消失不见了，取而代之的是结实富有弹性的肌肉、优美而又不失力度的线条！我们在挥拳踢腿的时候，能够痛痛快快、彻彻底底地渲泄情绪、缓解压力，从身到心都畅快舒适，是一种非常适合现代都市人的减压方式！

BLUE CHARMING JAZZ
蓝色“舞”媚爵士操

爵士操成为都市健身一族的新宠，其魅力在于它摆脱了传统健身操的单调，集爵士舞蹈之长，既娱乐又健身！伴着活泼欢快的健身音乐，刺激兴奋的荷尔蒙分泌，唤醒跳动的欲望，情不自禁地舞动起来，在音乐中释放情绪、缓解压力；在舞动中秀出婉转线条、妩媚性感……于是，不由自主地向往，不由自主地周身发烫，不由自主地掉进爵士漩涡，赴一场蓝调爵士的盛宴——体验身材、肌肉、肺活量、动量、心情、仪态、气质的全方位质变”“舞塑身造打造”“美人！

来自美国、激情帅气的有氧爵士操，自由奔放，讲究随意性，可自由自在地跳。“爱怎么来就怎么来”，务求完完全全地释放身心。也正因为爵士操的自由特征，使它可以借助或仿效其他舞蹈技巧，将之融会贯通：在步法和动作上，应用爵士芭蕾舞的动作位置和原则、踢踏舞技巧的灵敏性、现代爵士舞躯体的收缩与放松、街头爵士舞舞步等等。

用CLASSICAL JAZZ 、BALLET JAZZ 、MORDEN JAZZ、LATIN JAZZ、NEW JAZZ 、REGGAE JAZZ 、ACID JAZZ 、HIP- HOP JAZZ等的经典舞步快乐塑身，在充满爵士味道的音乐节奏中自由享“瘦”！这是完美的享受！

BODY SLIMMING LATIN AEROBICS
热力塑形拉丁操

势不可挡的拉丁风带动了拉丁有氧健身操的流行和发展。好莱坞电影明星、乐坛天后、超级名模中都有拉丁有氧塑身操的忠实拥护者！拉丁天后珍妮佛·洛佩兹、超级名模亚米拉·迪亚兹、R&B性感歌后艾莉西亚·凯斯、美腿皇后凯莉·米洛、西班牙玫瑰潘妮洛普·克鲁兹，都深知要长期保持完美身形没有捷径可走，只有运动，确切地说只有有氧运动！而在有氧塑身运动中，更是首推拉丁有氧操。

选择拉丁有氧操的女人知道，凹凸有致的

身形、婀娜多姿的体态，是上帝慷慨的馈赠，是女人对这个喧嚣人世所做出的最重要的形象贡献，的确值得骄傲，也的确需要珍惜。可以说完美的身材、动人的曲线是女人保持青春和魅力的最大本钱。于是，作为女人，一个聪明的女人，一个真正懂得爱自己的女人，应该找对适合自己的运动方式，塑造完美身材，留住青春与美丽！

ENERGETIC AND ACTIVE DUMBBELL
动感活力哑铃操

20世纪70年代，奥斯卡影后简·方达（Jane Fonda）让全世界认识了健美操Aerobics。

20世纪80年代，超级名模辛迪·克劳馥（Cindy Crawford）用小哑铃+健美操的方式成为“全世界体型最美的女人”，哑铃操成为全球女性首选健身运动！

21世纪，有氧哑铃操以强大势力席卷时尚圈，在好莱坞掀起了哑铃运动新风潮，使之一跃成为人人追捧的运动方式。

众多时尚元素的“加盟”，把原本枯燥无味的哑铃操装扮得风情万种。搭配节拍鲜明、韵律动感的时尚潮流音乐，让你的身体每一个细胞都能体验运动的快感，完全释放潜伏在你体内的活力因子；而有氧呼吸供能原理的加入，使血液中的供氧更充分，促进糖元完全分解，释放大量能量，彻底消耗多余脂肪，去除体内多余的赘肉，还你一个健康的阳光身材；芭蕾、芭蕾爵士舞、现代舞等舞蹈元素在哑铃操中也有迹可寻，淋漓尽致地绽放生命原色！

UNDER WATER AEROBICS
水中有氧操

都说女人是水做的，女人与水不可分离，回到水中去，让女人的生命、身体如鱼儿一般灵动起来。时尚美眉风行水中有氧健身，而这种健身又被认为是一种较新理念的运动方式。

一提起水中健身，许多人就会简单地认为是游泳，其实水中健身操与单纯的游泳还是有很大的区别。游泳是一项全身性的运动，对人体非常有益，但它对运动者水性要求较高，对那些不识水性及水性较差的人来讲，只能是望“水”兴叹了；而水中健身操是一种新型的有氧健身运动，它结合了不同节奏的身体动作和舞蹈步伐，既有陆上运动，还有水中练习，是多种风格的融合。

水中有氧操运动结合了不同节奏的身体动作、游泳动作和舞蹈步伐，在水中进行有氧锻炼，能充分利用水的阻力和浮力。通过水的阻力，水中有氧操可以锻炼人的力量、耐力，塑造完美的形体；通过水的浮力，水中有氧操可以锻炼人的柔韧，减少运动损伤。

Tips

拉丁舞的魅力究竟在哪里？

答案是：力与美的艺术体现。

当音乐响起的时候，这种力便存在于舞者体内，流淌于腰胯腿膝之中，并随着音乐节拍的强弱起伏而变化，引导着舞者的身体在音乐的旋律中尽情畅游，给人一种高层次的身心享受。

Q&A of Latin Aerobics

II. 有氧拉丁有问必答

跳拉丁操是一种时尚的运动，一个小时循序渐进的练习，让人觉得时间过得很快，而它所消耗的热量，更是高达300～450卡路里。不过，也因此产生误解，以为跳得愈多、感觉愈累，就可以瘦得更多更快。这是错误的观念，甚至会让你感到气馁。如果是在非常喘、疲累的情况下，进行的是无氧运动，只会消耗掉身体的水分及肝醣。当体质缺水时就容易皮肤干黄，而肝醣降低则容易疲劳。那该如何跳有氧拉丁操呢？

THE NECESSARY FREQUENCY OF LATIN AEROBICS IN A WEEK

一周要做几次LATIN有氧操练习才能保证良好运动效果？

众所周知，“生命在于运动”，运动可以强身健体，有氧操练习有很好的去脂减肥的效果。但是，运动所发生的变化并不是一朝一夕就能达到的，需要一个过程，使机体从结构、机能、器官等各方面都发生根本的转变，才能逐渐达到理想的锻炼效果。因此，要想达到良好的锻炼效果，你必须长期坚持、持之以恒，选择合适的运动强度，遵循科学的锻炼方法和循序渐进的锻炼原则。切忌心急或是半途而废，心急会使大多数人在刚开始参加健身操锻炼时，投入极大的热忱，使得练习的强度过大，从而造成运动不适、过度疲劳甚至运动损伤等等问题的出现，最终放弃了锻炼。还有的人希望通过短时间的锻炼就能达到好的效果，他们往往觉得见效太慢，也选择了放弃，转而选择减肥药、节食甚至是手术等对身体存在一定伤害的方法。因此，跳有氧操并不是运动强度越大越好，要想取得良好的健身效果，我们一定要掌握科学的锻炼方法，控制好运动强度。

建议大家每周至少进行1～3次的有氧操练习。如果时间充足，你还可以在跳操结束后，安排一些肌肉练习，使肌肉素质得到进一步的提高，更好地改善体型。保持这样的运动频率，就可以将你的基础代谢率保持在一个良好的水平上，但要注意的是，这个数据是以保持健康为目的，如果需要减脂，一周5次更能立竿见影。并不是次数越多越好，应该根据自身的具体情况，适当增加练习的次数和时间，绝对不可训练过度，那样反而会适得其反。应该时刻注意身体的变化，根据自己的身体健康状况，灵活地增、减运动的强度和次数，才能保证获得良好的运动效果。

NUTRITION RULE OF SPORT EXERCISE
健身运动的营养原则

1．营养素摄取要适量，注意膳食平衡

健康的身体受运动、遗传、营养、心理素质等多方面的影响，其中膳食营养对健康及运动能力的影响，越来越引起人们的重视。运动者吃什么、吃多少、什么时间吃、怎样吃，对其健康程度起着举足轻重的作用。

平衡膳食是指基本营养素配比适宜和所有必需物质含量充足的膳食。目前我国膳食构成中碳水化合物、蛋白质、脂肪的比重为7：1：0.3 。这种比例从营养学角度分析是不合理的，较为理想的比例是6：1：0.6，即应适当减少碳水化合物的供给量，相应增加动物性蛋白质和脂肪供给量。

2．热量供给应充足

人体在运动中热量消耗非常大，在膳食中必须供给充足的热量，维持热量平衡。如果热量长期供给不足，会造成身体消瘦、体重减轻、抵抗力减弱、运动能力下降，对少年儿童，还会影响其生长发育。但是，如果人体摄人热量过多，又会引起体内脂肪增多，导致体重增加。

3．食物体积小，发热量高，营养素齐全

食物一般容易被消化、吸收，但体积不能太大。一般情况下，每人每日摄取食物总量不宜超过2.5千克。

4．食物多样化，防止挑食、偏食

合理膳食对强健体魄、养生益寿和防治疾病是很有意义的。中国古代编著的《黄帝内经》中就提出了“五谷为养，五果为助，五畜为益，五菜为充”的饮食原则，这个原则也符合今天的营养学中食物的搭配原则。因此，为满足人体对各种营养素的要求，食物尽量多样化，防止偏食、挑食，引起营养缺乏症。

5. 合理的膳食规律

一般来说，保证一日三餐，就基本可满足人体对营养的需求。但是，经常运动的人就应根据运动量和强度以及运动对消化功能的影响来合理安排膳食的质量和时间。一般来说，运动后30～45分钟后，运动前1小时进餐是比较合理的。

FOOD DEMAND BEFORE LATIN AEROBICS

练习LATIN操前如何进食？

进行拉丁有氧操锻炼前1～2小时应避免进食。因为进食后一段时间，胃中食物充盈，会影响呼吸，而且此时锻炼会影响食物的消化和吸收，还容易发生腹痛和呕吐等现象。但这并不意味着一点食物都不能吃，在锻炼时，体内也需要有适量的营养作为燃料，才能有效地输送并燃烧存于体内的脂肪。

有头晕、低血糖等症状或者确实感觉饥饿的人，更应该注意在跳有氧操之前适当进食。但要注意应该少量进食，并以易消化的碳水化合物食物为主，比如酸奶、黑麦面包等是锻炼前最好的一餐，可以保证你在有氧操练习过程中始终保持良好的练习强度，帮助燃烧体内更多的脂肪。

FILL BACK WATER AFTER LATIN AEROBICS

进行LATIN操运动如何补水？

跳一次拉丁有氧操的前后，我们的体重应该是一样的，这表示水分的补充非常适量。出现运动后体重变轻的现象时，就说明体内的水分丢失了，水分补充不够，要注意及时补充。

补充水分的基本原则应该是少量多次。因为，一次大量饮水对身体非常不利，当大量的水分突然进入体内后，可使血液稀释和血流量增加，这样会增加心脏的负担。另外，健身操运动的动作幅度都比较大，运动比较激烈，比如拉丁健身操腰腹的摇摆运动较多。这时，如果有大量的水滞留在胃中，运动时水在胃中晃动，很容易引起呕吐等症状。

因此，我们应该在运动开始前10～15分

Tips

性感浪漫伦巴舞

碧蓝的大海、舒缓而略带伤感旋律的古巴民歌，阵阵迎面拂来的加勒比海凉爽的轻风……无论历史文化抑或是风俗民情，伦巴给人的感觉是多元、神秘和奇异的。

伦巴本身就是一则古老而又缠绵悱恻的爱情故事，它所表达的如同一种隐藏的爱之舞。基本动作中含有清楚的故事情节，可自由地由不同的舞者做戏剧性的表达，范围可从罗曼蒂克的求爱到奔放激情、感官原始的欢愉，因而性感元素一直贯穿着始终。

钟，饮用300～500毫升水，以适当增加体内水的储备，保证运动中机体维持良好的工作状态；运动中应该每20分钟左右补水150毫升，这样既可以保持体内水的含量，又不增加心脏负担；运动后饮水也应该遵循少量多次的原则。

INJURY PRECAUTION IN LATIN AEROBICS
如何做好LATIN操受伤的预防工作？

由于人体的生理结构，自己的运动能力和技术水平不够，用力过度，运动出汗过多，没有喝水，太多的侧向运动和跳、跃、转身动作，运动鞋或场地不好等，会出现脚、踝、腰的拉伤或扭伤，运动抽筋、头晕、心力憔悴与疲劳等受伤情况。因此要注意锻炼应循序渐进，选择适当的运动鞋和运动场地，做好暖身伸展放松活动，控制运动时间，注意运动饮水问题等。

在进行拉丁有氧操练习的过程中，或者是练习结束后短时间内，如果出现头晕、恶心等症状，则表示运动量过大，应引起重视，及时调整。发生这样的情况，一般是由两种原因引起的：一是因为准备活动不充分，身体没能及时适应突然的变化所造成的，这种情况不具备危险性，只要注意做好准备活动就可以了；二是由于运动量过大所引起的。出现这样的现象要引起锻炼者尤其是老年人的高度重视，如果跳操过程中出现头痛、胸痛、呼吸困难、恶心、眩晕、极度疲乏、心跳过快、四肢肌肉酸痛或乏力、面色苍白、嘴唇发紫、出冷汗、动作不稳、动作速度明显减慢等症状，都是身体发出的危险信号，这时应该逐渐减小运动量，做一些整理运动来调整，或休息片刻进行观察。如果问题相当严重就应该立即停止锻炼，并及时请教医生。

图书在版编目(CIP)数据

拉丁塑身操 / 刘荃莉编著. —成都：成都时代出版社，2008.1

ISBN 978-7-80705-654-6

Ⅰ. 拉… Ⅱ. 刘… Ⅲ. 健美操—基本知识 Ⅳ. G831.3

中国版本图书馆CIP数据核字(2007)第175739号

拉丁塑身操

LADING SUSHENCAO

刘荃莉 编著

出品人	秦明
责任编辑	蒋雪梅
责任校对	龚爱萍
装帧设计	中映·良品 （0755）26740502
责任印制	莫晓涛
出版发行	成都传媒集团·成都时代出版社
电话	(028) 86619530（编辑部） (028) 86615250（发行部）
网址	www.chengdusd.com
印刷	深圳市鹰达印刷包装有限公司
规格	889mm×1194mm 1/24
印张	5
字数	120千
版次	2008年1月第1版
印次	2008年1月第1次印刷
印数	1-15000册
书号	ISBN 978-7-80705-654-6
定价	29.80元